MERCEDES-BENZ Automobile

Halwart Schrader

MERCEDES-BENZ Automobile

Band 3

Vom 170V zum 300SL (1935 - 1963)

HEEL

HEEL-Verlag GmbH
Hauptstraße 354
53639 Königswinter
Tel.: 0 22 23/ 2 30 26
Fax: 0 22 23/ 2 30 28

Redaktion: Halwart Schrader

Gestaltung: Sidonie Naprawnik

Druck: PDC, Paderborn
Printed in Germany

ISBN 3-89365-349-X

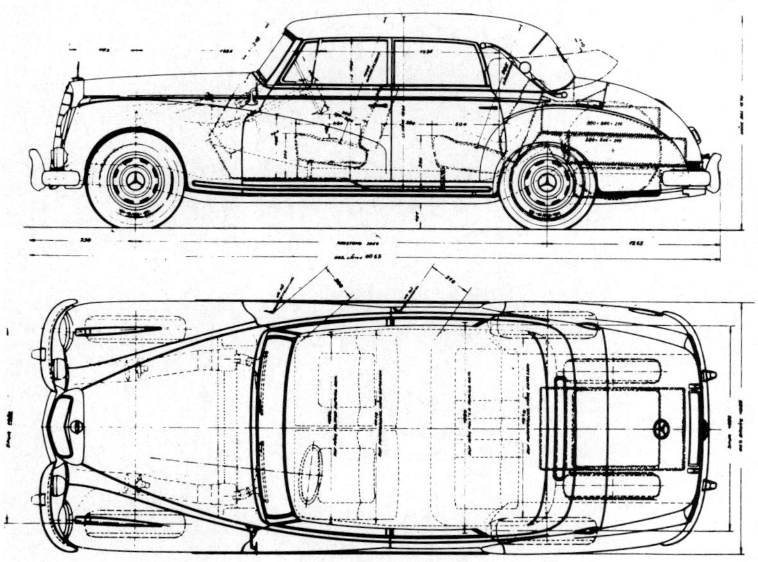

Inhaltsverzeichnis

Traumwagen einer klassischen Ära: Mercedes 300 SL.

Vorwort

Seit Beginn der dreißiger Jahre hat der »kleine Mercedes« bei Daimler-Benz – immerhin die älteste Automobilfabrik der Welt – eine zunehmend wichtige Rolle gespielt. Später als andere deutsche Hersteller nahm man sich in Stuttgart des Mittelklassewagens an; waren es doch in erster Linie stets die großen und aufwendigen Fahrzeuge der Superlative gewesen, die das Image des Daimler-Sterns prägten.
Über die großkalibrigen Automobile, über die Kompressor-Renn- und Sportwagen sind schon eine Reihe von interessanten Veröffentlichungen erschienen. Um so mehr vermißte man eine systematisch aufgebaute Typologie gerade der Hundertsiebziger in allen ihren unterschiedlichen Ausführungen. Und mit diesem Modell vollzog sich bei Daimler-Benz auch der völlige Neubeginn nach dem Zweiten Weltkrieg. Viele von uns erinnern sich noch an das Straßenbild der späten vierziger und frühen fünfziger Jahre, an die große Zahl der durch ihr konservatives Erscheinungsbild auffallenden Hundertsiebziger – sie trugen viel dazu bei, das automobilistische Profil einer Epoche mitzuprägen. Und es war keine Entscheidung zu Gunsten eines vermeintlich leichteren Weges, als auch der 220 und der 300 im traditionellen Styling erschienen. In ihrer technischen Reife waren diese Fahrzeuge fast allen Mitbewerbern ihrer Zeit weit überlegen – hier zahlten sich die Erkenntnisse aus, die Daimler-Benz im Rennsport gewonnen hatte. Technologische Avantgarde im betont konservativen Kleid verkörperte eine Weltanschauung, und der Mercedes-Kunde identifizierte sich mit ihr gern.
Die Geschichte vom Hundertsiebziger wäre nicht vollständig ohne die Einbeziehung der Modelle 220 und 300, also jene Fahrzeuge, die nach traditioneller Bauart noch über ein separates Fahrgestell verfügten – und wenn man vom 300 spricht, kann der 300 SL nicht unberücksichtigt bleiben. Auch dieses Modell wird in diesem Buch ausführlich vorgestellt.
Natürlich hat der 300 SL mit dem 170 V und erst recht mit seinem Vorgänger, dem 170 Sechszylinder, so gut wie gar nichts gemein. Schon der 220 ist eigentlich eine Kategorie für sich, verkörpert er doch in starkem Maße das Erbe des Vorkriegs-230 (auf den in diesem Buch weniger ausführlich eingegangen wird als auf den Paralleltyp mit kleinerem Motor, eben den 170) – nur in stilistischer Hinsicht und in einer Anzahl von Chassis- und Fahrwerk-Details zeigt sich die Verwandtschaft zum 170 V. Und beim 300 SL ist es lediglich die Maschine, die das Bindeglied zum 300 und damit auch zu den Mittelklasse-Mercedes-Fahrzeugen darstellt. Nicht zuletzt ist es das globale Interesse an der gesamten 170-220-300-Baureihe seitens einer enthusiastischen Mercedes-Anhängerschaft, deren Wünschen entsprochen wird, wenn die in diesem Buch beschriebenen Modelle zusammengefaßt wurden.
Ungeachtet zeitlicher Überschneidungen sind die Kapitel dieses Buches nach Modellen eingeteilt, um dem Leser die Orientierung zu erleichtern. Alle Merkmale, in denen sich die einzelnen Typen voneinander unterscheiden, alle technischen Hauptdaten sind den betreffenden Fahrzeugen zugeordnet. Einzelne Kapitel sind Sonderausführungen, Militär- und Holzvergaser-Wagen gewidmet; gerade die nicht serienmäßigen Modelle sind es immer wieder, die den Liebhaber historischer Automobile besonders interessieren.
Die Realisierung dieser Dokumentation verdanke ich nicht zuletzt zahlreichen Freunden und Mitarbeitern, deren Fachwissen und Fotomaterial ich verwenden durfte. Den Herren v. Pein, Karnowski, Hülsen und Schulze von der Abteilung Archiv-Museum-Geschichte des Hauses Daimler-Benz bin ich für ihre wertvolle Unterstützung in besonderem Maße verpflichtet, ebenso Herrn W. A. Seidel vom Mercedes-Veteranen-Club Deutschland e. V., einem der besten Kenner jener Materie, die dieses Buch zum Inhalt hat.
Wesentliche Beiträge leisteten auch der niederländische Mercedes-Benz 170-Club, G. N. Georgano vom National Motor Museum Beaulieu, der Redaktionsstab von Automobile Quarterly in Princeton/USA, H. Ahlefelder von den Fahrzeug-Werken Lueg in Bochum, und Dank schulde ich auch all jenen Besitzern klassischer Mercedes-Automobile, die uns Gelegenheit gaben, ihre tadellos restaurierten Fahrzeuge für dieses Buch zu fotografieren. Auch sie leisten einen Beitrag zur Pflege der Automobilgeschichte, in der die Marke Mercedes-Benz eine nicht unbedeutende Position einnimmt.

Halwart Schrader

Mit dem 170 begab sich Daimler-Benz in völlig neue Marktbereiche. Unternehmerischer Mut zahlte sich aus:

Die Vorgänger des Mercedes-Benz 170V

Den Begriff »Autotest« suchte man in den frühen dreißiger Jahren vergebens in der Motorpresse. Man sprach von Erprobungen und Prüfungen. Und die Fahrzeuge, die man solchen Erprobungsfahrten unterzog, gehörten meist der mittleren oder unteren Preiskategorie an, denn die großen, teuren Modelle wurden damals nur in ganz seltenen Ausnahmefällen einem Vertreter der Motorpresse zu Testzwecken anvertraut. Um so intensiver beschäftigten sich die Prüfungsfahrer der schreibenden Zunft mit jenen Wagen, die ihnen zur Beurteilung einige Tage überlassen wurden. Und mit Kritik sparten sie nicht.

Besondere Aufmerksamkeit wurde in jener Zeit einem Personenwagen zuteil, der in seiner Kategorie ganz neue konstruktive Maßstäbe setzte. Dies war der »Kleine Mercedes«, im Jahre 1931 als Typ 170 oder 7/32 PS der Öffentlichkeit vorgestellt. »Die Umwälzung der wirtschaftlichen Verhältnisse, die Umformung der gesamten ökonomischen Struktur haben den Stab der Mercedes-Leiter vor die Alternative gestellt, entweder das Banner der ruhmreichen Tradition und der hohen Preise aufrechtzuerhalten oder sich dem Umstellungsprozeß der deutschen Wirtschaft anzuschließen und unter Wahrung des Qualitätsprinzips den Kompromiß zwischen ›gut‹ und ›billig‹ zu suchen,

Bild oben: Nur wenig unterschied sich der 170 stilistisch von seinem Vorgänger, dem Typ 200 Stuttgart (1926–29). Die Konturen der Karosserie wurden vom rechten Winkel bestimmt, wie in den 20er Jahren üblich.

In den Gesamtabmessungen kleiner, wies der 170 eine tiefere Gürtellinie auf (rechts) sowie bis zum Trittbrett herunterreichende Türen. Die Artillerie-Speichenräder hatte man durch Scheibenräder ersetzt.

den die anderen auch suchen mußten und – nicht zum kleinen Teil – fanden. Daß diese so bitter nötige Umstellung sich so reibungslos und so zum Vorteil der Produktion abwickelte, wie es bisher geschah, hat niemand vermutet. Wie sehr sie geglückt ist, beweist der Mercedes-Benz 170.« So schrieb im April 1932 Heinz Todtmann im *Berliner Börsen-Courier*.

In der Tat handelte es sich bei dem vergleichsweise kleinen Wagen vom Typ 170 – wenngleich er nach bester Mercedes-Tradition auch einen Sechszylindermotor unter der Haube hatte – um eine Konstruktion, die man bei Daimler-Benz auf der Suche nach dem besten Kompromiß erarbeitet hatte. Die Weltwirtschaftskrise hatte die Automobilindustrie schwer getroffen, eine Reihe von namhaften Unternehmen dieser Branche hatte ihre Tore schließen müssen. Überleben, so schien es, konnte man nur mit kleinen, wirtschaftlichen Serienfahrzeugen, nicht mit großen Luxuswagen in Einzelanfertigung.

Noch bevor die Automobilindustrie Deutschlands 1932 ihren Produktionstiefstpegel erreicht hatte, war der neue 170 auf dem Markt. Seit 1930 in der Entwicklung, war der Wagen Inhalt erwartungsvoller Ge-

rüchte, bis er endlich serienreif war – und von Seiten der Konkurrenz wie Adler, Brennabor, Opel oder Wanderer mit deutlichem Mißbehagen zur Kenntnis genommen wurde. In vielen Details war der »Kleine Mercedes« seiner Zeit voraus: Er wies beispielsweise ringsum Einzelradaufhängung auf und einen sogenannten »Niederrahmen« aus gepreßten Stahlrohren rechteckigen Querschnitts, der hinten hochgekröpft war. Vorn gab es eine achslose Radaufhängung an zwei Blattfedern quer zur Fahrtrichtung, je ein Paket über und unter dem Rahmen verlaufend. Die Hinterräder wurden von Pendelhalbachsen angetrieben, deren Hüllrohre sich über je zwei nebeneinanderliegenden Schraubenfedern gegen das Chassis abstützten. Die inneren Enden der Rohre übertrugen über eine Zapfenlagerung die Reaktionsmomente via Differentialgehäuse auf den Rahmen. Dieses Bauprinzip behielt man auch bei den Mercedes-Benz-Modellen 200, 290 und 380 bei – selbst der Typ 180, im Jahre 1953 auf den Markt gebracht, basierte auf dieser Konstruktion. Weitere technische Merkmale des kleinen Sechszylinders waren seine Vierrad-Öldruckbremse, Zentralschmierung, ein thermostatgesteuerter Kühlwasserkreislauf, Schnellgang-Getriebe. 14000 Exemplare konnten vom 170 verkauft werden.

Der seitlich aufgeschnittene Mercedes-Benz 170 war die Attraktion etlicher Automobil-Ausstellungen. Der Wagen bot viel Platz im Fond. Der Kofferraum war eher bescheiden, aber in die Karosserie integriert worden.

Der kompakte, etwas eckig geratene 170 unterschied sich äußerlich nicht allzu sehr von seinem Vorgänger, dem Modell 200 »Stuttgart« (1926–29). Die Konturen wurden vom rechten Winkel und Geradlinigkeit bestimmt. Das war der Stil der zwanziger Jahre, als man Automobilkarosserien am liebsten von Architekten entwerfen ließ, die von den Gesetzen der Aerodynamik nur sehr geringe Kenntnis besaßen. Aber die Vorteile des schlichten, unauffälligen Gebrauchswagens lagen weniger in stilistischer Avantgarde als in seinem Fahrverhalten. Der »Vollschwingachser« bot beim Befahren der seinerzeit nur selten gut ausgebauten Landstraßen einen bis dahin bei einem Wagen dieser Größenordnung kaum gekannten Komfort. Einseitige Radstörungen durch Bodenunebenheiten wurden nun nicht mehr – wie beim Starrachser – auf das Rad der gegenüberliegenden Achshälfte übertragen; jedes Rad, vorn wie hinten, federte unabhängig ein, und es gab nicht mehr jene heftigen Stoßbewegungen, die einem im Starrachswagen manche Überlandfahrt zum Mißvergnügen werden ließen.
1932 kam der neue Mercedes 200 auf den Markt; auch dieses Modell war ein Vollschwingachser, unterschied sich zum 170 aber durch eine elegantere Karosserie. Auffälligstes Stilelement war der in den Aufbau einbezogene Koffer, der beim 170 noch eine separate »Kiste« am Wagenheck gewesen war. Der Kofferraum des 200 konnte auch vom Wageninneren her beladen werden. Im Verlaufe des Jahres 1934 adaptierten die Daimler-Stilisten den eingebauten Koffer des 200 auch

Links: Bei dieser Limousine öffnen beide Türen nach vorn.

Der 170 Sechszylinder wies ein Profilstahl-Fahrgestell auf, dessen Traversen zur Gewichtseinsparung mit zahlreichen Durchbohrungen versehen waren. Die doppelten Schraubenfedern an der Hinterachse waren eine Entwicklung, um den Fahrkomfort zu erhöhen. Unten ein Bild der Vorderachse mit ihren doppelten Querblattfedern. Auch hatte der 170 bereits hydraulische Bremsen (Fabrikat ATE). Das Chassis ohne Aufbau wog 700 kg.

beim 170 und machten diesen Wagen zu einem typischen Vertreter der dreißiger Jahre. Bis zum Ausbruch des Krieges blieb man dieser signifikanten Karosserieform bei Daimler-Benz treu. Der Kofferraum war zur eigentlichen Heckpartie des Autos geworden, in den Konturverlauf hatte man die hinteren Kotflügelenden einbezogen. Der neue Stil ließ nach wie vor einen großzügig ausgestatteten, bequemen Innenraum zu, dessen Sitze im Fond auch bei den zweitürigen Ausführungen des »kleinen« Mercedes-Sechszylinders gut zugänglich waren. Die Bauhöhe spielte noch keine entscheidende Rolle der Karosseriekonzeption.

Oben ein Viertürer mit zur Fahrzeugmitte zu öffnenden Türen. 1934 kam es zu einem Stilwandel im Styling des separaten zum integrierten Kofferraum. Unten der Koffer des 200.

Unten: 170 von 1935 mit der neuen Heckpartie, darunter der ihm stilistisch jetzt eng verwandte 200. Die Stilmerkmale der 20er Jahre sind hier verschwunden.

Man sprach damals viel vom Heckmotor. Lag die Zukunft des Automobils bei einer unkonventionellen Antriebsart?

Heckmotor-Automobile

Handelte es sich beim Mercedes-Benz 170 um ein für Daimler-Maßstäbe schon verhältnismäßig kleines Automobil, so machte man sich in Stuttgart doch auch Gedanken um einen Personenwagen, der in seinen Dimensionen noch unterhalb des 1,7 Liter angesiedelt sein sollte. Einen wirtschaftlichen Vierzylinder ins Programm zu nehmen, war schon Ferdinand Porsches Wunsch gewesen, als dieser Konstruktions-Chef bei Daimler war. Die Entwicklung führte zu jenem gedrungenen Viersitzer mit Heckmotor, der 1934 als Typ 130 auf den Markt kam. Mit einem Preis von 3425 Reichsmark kostete der 1,3 Liter Mercedes 575 Mark weniger als der 170; für 200 Mark Aufpreis erhielt man den Heckmotorwagen als Cabrio-Limousine, und Daimler-Benz bot sogar einen viersitzigen Tourenwagen mit Allwetterverdeck an, der mit 3900 Mark im Katalog stand.

Schon Ende der zwanziger Jahre hatte man bei Daimler-Benz Versuche mit Heckmotorwagen angestellt, inspiriert durch jenen Heck- (genauer: Mittel-)motorwagen, den Hans Nibel und sein Kollege Max Wagner vor der Daimler-Benz-Fusion bei Benz in Mannheim als Wettbewerbsfahrzeug gebaut hatten. Die Anregung hierzu hatte der Flugzeug- und Automobil-Konstrukteur Edmund Rumpler gegeben, dessen »Tropfenwagen« 1921 die Sensation der Berliner Automobil-Ausstellung gewesen war und von den führenden Männern bei Benz mit besonderem Interesse zur Kenntnis genommen wurde.

Modell	130 (W 23)	150 (W 130)	170 H (W 28 II)
Produktionszeit	Dez. 1933 – Dez. 1936	Juli 1934 – Juli 1936	Febr. 1936 – Sept. 1939
Motor	Reihen-Vierzylinder M 23	Reihen-Vierzylinder M 30	Reihen-Vierzylinder M 28 II
Bohrung/Hub/ccm	70 × 85, 1308 ccm	72 × 92, 1498 ccm	73,5 × 100, 1697 ccm
Verdichtung	6,5:1	7,1:1	6:1
Leistung	26 PS bei 3400 U/min	55 PS bei 4500 U/min	38 PS bei 3400 U/min
Ventile, Steuerung	sv, 1 seitl. Nockenwelle	hängend, 1 seitl. Nockenwelle	sv, 1 seitl. Nockenwelle
Schmierung	Druckumlauf	Druckumlauf	Druckumlauf
Kühlung	Wasser, Pumpe	Wasser, Pumpe (+ Gebläse)	Wasser, Pumpe (+ Gebläse)
Vergaser	1 Steigstrom Solex 26 FVS	1 Doppel-Steigstrom Solex 30 FFVS	1 Steigstrom Solex BFRV
Elektrik	6 Volt 75 Ah	12 Volt 45 Ah	6 Volt 75 Ah
Kupplung	Einscheiben-Trockenkupplung	Einscheiben-Trockenkupplung	Einscheiben-Trockenkupplung
Getriebe	4-Gang, Stockschaltung	4-Gang, Stockschaltung	4-Gang, Stockschaltung
Lenkung	Zahnstange	Zahnstange	Schraube
Fußbremse	hydr., Trommel/Vierrad	hydr., Trommel/Vierrad	hydr., Trommel/Vierrad
Handbremse	mech., Hinterräder	mech., Hinterräder	mech., Hinterräder
Chassis	Zentralrohr	Zentralrohr	Zentralrohr
Radstand, Spur v/h	2500, 1270/1270 mm	2600, 1300/1270 mm	2600, 1315/1270 mm
Gesamtabmessungen	4050 × 1520 × 1510 mm	4200 × 1600 × 1380 mm	4200 × 1580 × 1600 mm
Bereifung	5.00 – 17	5.00 – 17	5.00 – 17
Tankinhalt	30 Liter	60 Liter	40 Liter
Leergewicht	980 kg	1000 kg	Limousine 1125 kg
Höchstgeschwindigkeit	92 km/h	124 km/h	108 km/h
Stückzahlen	4298	25	1507
Preise	Limousine RM 3425 (1934)	Sportzweisitzer RM 6600	Limousine RM 4350

Versuche mit Heck- bzw. Mittelmotor-Personenwagen hatten um 1931/32 allmählich zum Bau des 130 geführt, wobei man auch einige Versuchswagen auf die Räder stellte, bei denen der 1,3-Liter-Motor nach konventioneller Bauweise im Fahrzeugbug saß. Der Vierzylinder wies eine Leistung von 26 PS auf, hatte ein angeblocktes Vierganggetriebe mit Differential und – gemäß neuem technologischen Standard bei Daimler-Benz – Schwingachsen. Statt des klassischen Rahmens aus Stahlprofilen wies der 130 ein zentrales Tragrohr auf, an dem die Räder einzeln gefedert aufgehängt waren. Ohne die Kupplung betätigen zu müssen, ließ sich beim 130 ein Schnell- oder Spargang einlegen, untersetzt mit 0,665:1. Als direkten Gang hatte man die dritte Schaltstufe ausgelegt.

Probleme gab es zunächst mit der Kühlung; der anfänglich vorgesehene Wasserkühler erwies sich zu groß und zu schwer, um in die Konzeption des Wagens zu passen. Die Firma Behr in Stuttgart entwickelte darauf einen kleineren, in seiner Leistung mindestens ebenso gleichwertigen Kühler mit Gebläse, den man auch in den anderen Hecktypen übernahm. Denn der 130 war nicht der einzige Wagen mit Heckmotor im damaligen Mercedes-Angebot. 1934 präsentierte die Firma eine Sportlimousine mit 1,5-Liter-Heckmotor; fünf Exemplare absolvierten ihr Debüt bei der 2000-Kilometer-Fahrt jenes Jahres – wobei diese Fahrzeuge einen bemerkenswerten Unterschied zum 130 aufwiesen: Ihre Motoren saßen nicht hinter, sondern vor der Hinterachse. Damit ergaben sich eine wesentlich bessere Straßenlage und auch bessere Fahreigenschaften in der Kurve. Da der Typ 150 durch seine Konstruktion als Mittelmotorwagen aber einen geringer bemessenen Innenraum aufwies, konnte man ihn lediglich als Zweisitzer benutzen. Aus dieser Erkenntnis verzichtete man auf eine Serienfertigung des geschlossenen Modells und baute den 150 ab 1935 lediglich als Sportzweisitzer in Roadsterform.

Weder der 130 noch der 150 entwickelten sich zu Erfolgsmodellen. Die Fahrzeuge waren zu unkonventionell, um breiten Anklang zu finden, und ihre Fahreigenschaften ließen in mancher Beziehung zu wünschen übrig. Für die 6600 Mark, die ein 150 kostete, bekam man auch einen Wanderer W 25 K mit Kompressor oder einen BMW 319/1 Sportwagen.

Dennoch gab es eine Fortsetzung des Heckmotor-Themas bei Daimler-Benz, und zwar in Gestalt des 170 H. Dieses Modell trug den Zu-

Von oben nach unten: Cabriolimousine Typ 130 mit Schutznetz hinter den Rücksitzen für dort untergebrachtes Gepäck, ein 170 H (mit nicht ganz korrekten Felgen) ebenfalls als zweitürige Cabriolimousine und der Vierzylinder-Reihenmotor des zweisitzigen 150, verblockt mit dem »Schnellganggetriebe«. In klassischer Mercedes-Bauweise ist die Hinterachse als schraubengefederte Pendelachse ausgeführt.

satzbuchstaben H zur Unterscheidung vom 170 mit vorn (V) eingebautem Motor. Dieser 170 V mit seitengesteuertem Vierzylindermotor stellte den Nachfolger des Sechszylinder-170 dar.
Sowohl der 170 V als auch der 170 H wiesen anfänglich geringere Zylinderdimensionen als die späteren Serienwagen auf, nämlich 72 × 98 mm. Nach den ersten tausend Wagen gab man dem Motor die Maße 83,5 × 100 mm = 1697 ccm. Eine Anzahl des 160 (wie er werksintern genannt wurde) wurde 1935/36 an die Wehrmacht geliefert,

Oben: Der 150 auf der Int. Automobilausstellung 1935. Links: Heckmotor-Mercedes 170 H. Ursprünglich trug nur dieser Typ den Zusatzbuchstaben H zur Unterscheidung vom 170 mit vornliegendem Motor.

diese Exemplare hatten sogar Vierradantrieb. In den Daimler-Benz-Annalen werden diese Exemplare als W 133 II geführt.
Der 160 H beziehungsweise 170 H vermochte ebenso wenig Popularität zu erringen wie seine heckgetriebenen Vorgänger. Die zweitürige Limousine konnte sich mit dem geräumigen 170 V nicht messen, der zwar konventioneller, im Fahrkomfort aber vergleichsweise besser war. Auch fand der abgerundete, stromlinienförmige Fahrzeugbug der Heckmotorwagen wenig Gegenliebe; die aufgesetzten Scheinwerfer standen einem konventionell gebauten Wagen mit Wasserkühler zwischen den Kotflügeln besser. Dennoch hielt sich der 170 H im Daimler-Benz-Programm bis zum Ausbruch des Krieges, und dank seines kultivierten Vierzylindermotors, den der Heckwagen sich mit dem 170 V teilte, gab es im normalen Fahrbetrieb eigentlich keine Probleme. Es war eine Frage der persönlichen Einstellung, ob man sich für den 170 V oder den 170 H entschied.
»Der 170 H besticht durch seine Frische und überlegene Art, mit der ein Problem im Automobilbau angegriffen und gelöst worden ist«, schrieb die *Allgemeine Automobil-Zeitung* 1937 und rühmte in erster Linie die Laufruhe des 38-PS-Motors, die ausgezeichneten Federungseigenschaften – und die wirksame Wagenheizung. Übrigens bemühte man sich seinerzeit um neue Sprachschöpfungen, um komplizierte Dimensionsbezeichnungen durch kürzere Begriffe zu ersetzen. So sprach die *AAZ* von einer Drehzahl von 3300 bei »100 Benz« – das

Vom 170 nicht zu unterscheiden: der letzte 200 mit der konventionellen Karosserie von 1933, gebaut im firmeneigenen Karosseriewerk Sindelfingen. Das Dach wies ein Faltverdeck über die ganze Länge auf.

Neuer Karosseriestil 1935: Typ 200 als Cabriolet C. Die flächige Betonung der Seiten unterstreichen die Schürzen an den vorderen Kotflügeln, in denen beim 200 auch das Reserverad saß. Rechts: Cabriolet A Typ 200.

waren 100 km/h. Dennoch ersetzte man das Wort »Limousine« nicht durch den damals noch immer sehr gebräuchlichen »Innenlenker«, ein Begriff aus der Frühzeit geschlossener Automobile.
4350 Mark kostete der 170 H, das waren 600 Mark mehr als die zweitürige Limousine vom Typ 170 V. Es gab auch eine Cabrio-Limousine – wie beim 130 – zum Preis von 4500 Mark. Wer einen gänzlich offenen Wagen in dieser Größenordnung haben wollte, mußte sich für ein Fahrzeug der Frontmotor-Bauform entscheiden: Der 170 V wurde nämlich nicht nur als zwei- oder viertürige Limousine offeriert, sondern auch in etlichen Cabriolet-Ausführungen. Bis 1939 bot Daimler-Benz den 170 V in elf Karosserie-Varianten an, das Heckmodell hingegen nur in zwei. Als unkarossiertes Fahrgestell konnte man sowohl den einen als auch den anderen Wagen haben – von dieser Variante machte aber kaum je ein Kunde Gebrauch. Die Anfertigung extravaganter Sonderkarosserien verblieb ein Privileg der großen und teuren Modelle. Lediglich zu aerodynamischen Studienzwecken erwarben einige Karosseriefirmen Fahrgestelle der kleinen Mercedes-Typen; sie wurden mit Aufbauten etwa nach Entwürfen des Professors Wunibald Kamm versehen und stellten reine Forschungsobjekte dar.

ben und der Karosserie-Palette – auch von diesem Wagen gab es Tourer, Roadster, Cabriolets, Limousinen – einen geschlossenen Zweitürer hinzugefügt. Im Preis waren die zwei- und viertürige Limousine im letzten Produktionsjahr gleich, sie kosteten 3950 Reichsmark. Konstruktiv mit dem 170 Sechszylinder identisch war der Mercedes-Benz 200 (W 21), mit jenem gemeinsam präsentiert und bis zum Sommer 1936 im Angebot. Die Typenbezeichnung sagt aus, daß der Motor zwei Liter Hubraum hatte (70 × 85 mm, 1961 ccm). Mit 2700 mm Radstand war der 200 nur geringfügig länger als der 170, aber es gab auch eine größere Ausführung mit 3050 mm Radstand und volumigerem Aufbau. Diesen Mercedes 200 konnte man ab Juni 1936 auch mit einem 2,3-Liter-Motor erhalten; ab 1937 figurierte dieses Auto im Mercedes-Programm dann offiziell als Typ 230 (W 143). Bis zu Beginn des Krieges bildete dieser Sechszylinder das unterste Modell der »gehobenen Mittelklasse« bei Daimler-Benz. Das Programm ergänzten der damals revolutionäre 260 D mit Dieselmotor, der 290, der 320, der 500, der 540 K und der 770.
Blieben die größeren Mercedes-Fahrzeuge mehr oder weniger exklusive Fahrzeuge und damit einer kleineren Klientel vorbehalten, so war

Den 170 Sechszylinder (W 15) behielt Daimler-Benz bis zum August 1936 im Programm. Es gab nicht wenige, die ihm nachtrauerten, als er dem 170 V Platz machen mußte. Im letzten Produktionsjahr hatte man dem Kühler eine Steinschlagattrappe in leichter Keilform gege-

es der Typ 170, der in den dreißiger Jahren die breite Basis der Serienfertigung bei Daimler-Benz darstellte, zuerst der Sechszylinder, dann der Vierzylinder. Und gerade dem 170 V wurde ein Erfolg zuteil, der alle bisherigen Produktions- und Absatzzahlen übertraf.

Daimler-Benz revolutionierte mit einem preisgünstigen Vierzylinder die Mittelklasse:

Mercedes-Benz 170 V

In seinem äußeren Erscheinungsbild war der 1936 auf der Berliner Automobilausstellung präsentierte Mercedes-Benz 170 V ein ganz »normales« Auto. Die Linienführung orientierte sich am Zeitgeschmack, war frei von amerikanischen Stylingeinflüssen (wie sie beispielsweise beim Opel Olympia sichtbar wurden) und entsprach in vielen Details der typischen Daimler-Charakteristik.

Der neue Vierzylinder sollte durchaus kein Luxuswagen sein, sondern ein anspruchsloses Alltags-Automobil mit guten Fahreigenschaften, sparsamer Maschine, ausreichend Platz für vier Personen und Gepäck. Im Karosseriestil hatte sich der Übergang vom 170 Sechszylinder fast nahtlos vollzogen, der von 2600 auf 2845 mm verlängerte Radstand ergab jedoch schlankere Proportionen. Zu den verantwortlichen Konstrukteuren des 170 V zählten in erster Linie Max Sailer und Rudolf Uhlenhaut – das Produkt ihrer Arbeit geriet zum meistverkauften Personenwagen der Daimler-Benz AG vor dem 2. Weltkrieg. Die Einführung der Schwingachsen hatte für den Fahrzeugrahmen eine erhöhte Verwindungsbeanspruchung mit sich gebracht. Den bisher üblichen Leiterrahmen hätte man verstärken und damit schwerer machen müssen, um diese Aufgabe zufriedenstellend zu lösen – daher entschied man sich für eine neue Chassis-Bauform mit X-förmig angeordneten Ovalrohren. Diese Konstruktion bewährte sich außerordentlich gut.

Der Vierzylinder-Reihenmotor wartete mit keinerlei Extravaganzen auf. Er hatte stehende Ventile, einen recht unkomplizierten Steigstromvergaser mit Fallbenzinzufuhr (der 33-Liter-Tank befand sich vorn an der Spritzwand im Motorraum – zum Tanken war die Motorhaube zu öffnen) und ein Vierganggetriebe, dessen 3. und 4. Gang synchronisiert war. Ein Vollsynchrongetriebe gab man dem Fahrzeug

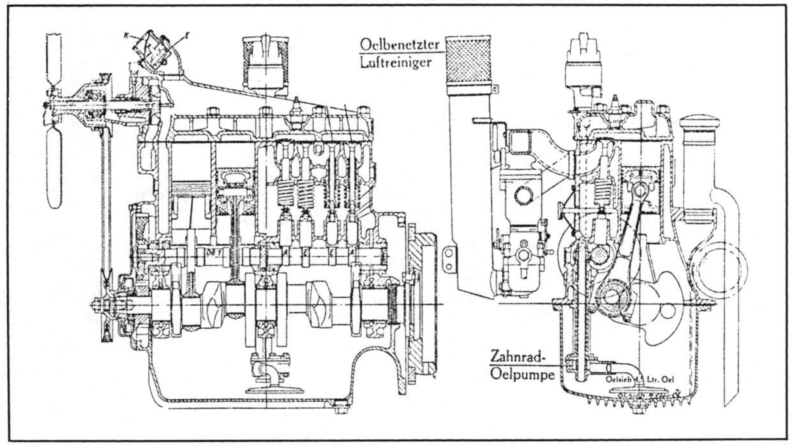

Deutlich schlanker proportioniert gab sich der 170 V als sein Paralleltyp mit Heckmotor. Oben links ein Viertürer, hier ein Zweitürer. Links ein Versuchsmotor mit Tank im Heck – der 170 V war mit Fallbenzinsystem ausgestattet! Oben: Längs- und Querschnitt durch den Motor des 170 V. Unten Blick aufs Fahrgestell, ein Ovalrohr-X-Rahmen.

erst 1940 – also jenen Exemplaren, die ausschließlich ans Militär geliefert wurden; auch die Nachkriegsfahrzeuge des Typs 170 V hatten dann das vollsynchronisierte Getriebe.

Als der 170 V 1936 auf dem Daimler-Benz-Stand in Berlin zu sehen war, konnte man ihn bereits vom Schaufenster weg kaufen: Die Produktion war Ende des Vorjahres aufgenommen worden. Diese Fahrzeuge wiesen jedoch jenen etwas kleiner dimensionierten Motor auf (72 mm Bohrung und 98 mm Hub, Hubraum 1,6 Liter, wie beim 160 H), ehe man die Dimensionen auf 73,5 × 100 mm festlegte (1697 ccm) und der Wagen seine endgültige Typenbezeichnung 170 V erhielt, unter der er dann auch in der Werbung und im Verkauf figurierte.

In jeder Hinsicht durfte der 170 V als ein komfortables Auto gelten. Besonders die Fond-Passagiere hatten es besser als im 170 Sechszylinder – der erweiterte Radstand gab größere Beinfreiheit, mehr Fuß-

Modell	Mercedes-Benz 170 V (W 136)
Produktionszeit	Dezember 1935 – Juni 1942
Motor	Reihen-Vierzylinder M 136
Bohrung/Hub/ccm	73,5 × 100, 1697 ccm
Verdichtung	6:1
Leistung	38 PS bei 3400 U/min
Ventile, Steuerung	sv, 1 seitl. Nockenwelle
Schmierung	Druckumlauf
Kühlung	Wasser, Pumpe
Vergaser	1 Steigstrom Solex 30 BFLVS
Elektrik	6 Volt 75 Ah
Kupplung	Einscheiben-Trockenkupplung
Getriebe	4-Gang, Stockschaltung
Lenkung	Schnecke
Fußbremse	hydr., Trommel/Vierrad
Handbremse	mech., Hinterräder
Chassis	Ovalrohr-X-Rahmen
Radstand, Spur v/h	2845, 1320/1310 mm
Gesamtabmessungen	4270 × 1570 × 1560 mm
Bereifung	5.25 – 16
Tankinhalt	33 (ab 1939: 43) Liter
Leergewicht	Limousine 1160 kg
Höchstgeschwindigkeit	112 km/h
Stückzahlen	71943 (ohne Militärausführungen)
Preise	Limousine 2t. RM 3750 Cabrio B RM 4750 Limousine 4t. RM 3850 Roadster RM 5500 Cabrio A RM 5980

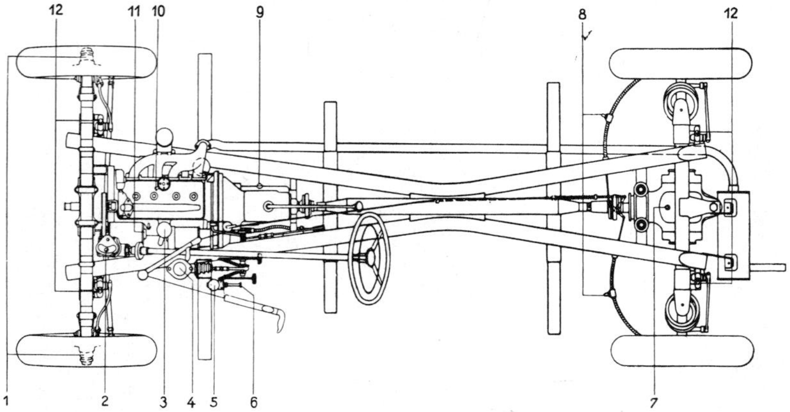

Die Schmierstellen am Fahrgestell des Mercedes-Benz 170 V

raum. Breite Türen beim Zweitürer sorgten für einen bequemen Einstieg nach hinten, wenngleich der Viertürer von vielen Kunden natürlich bevorzugt wurde. Die Auswahl der Karosserievarianten war beträchtlich: Es gab neben der zwei- oder viertürigen, viersitzigen Limousine auch eine viertürige Cabrio-Limousine, einen zweitürigen, viersitzigen Tourer (dem 1939 ein viertüriger Tourer folgte), einen

Die Gepäck-Kapazität des 170 V konnte durch Anbringen einer Kofferbrücke (hier bei einem Taxi) beträchtlich erweitert werden.

zweisitzigen Roadster mit Notsitz im Heck (»Schwiegermuttersitz«), das vierfenstrige Cabriolet B und später auch ein Cabriolet A (ab 1937). Sonderaufbauten wie Kübelwagen, Kraftdroschken mit Trennscheibe und Polizeifahrzeuge gab es auf Basis des 170 V ebenfalls. Der Motor leistete 38 PS bei 3400 Touren und war 6:1 verdichtet. Bei einem Durchschnittsverbrauch von 11 bis 12 Liter kam man auf eine Spitze von 108 bis 112 km/h – für damalige Verhältnisse ein guter Wert. Um den Aktionsradius etwas zu vergrößern, gab man dem 170 ab 1939 einen Benzintank von 43 statt bisher 33 Liter Inhalt.

Durch Umlegen der vorderen Rückenlehne hatte man beim zweitürigen 170 V einen bequemen Zugang zum Fond. Rechts: Die Frontscheibe des Wagens ließ sich zwecks Frischluftzufuhr ausstellen.

Am 7. Februar 1939 lief in Untertürkheim der 50 000. Mercedes 170 V vom Band. Bis Stillegung der Produktion im Jahre 1942 war man auf die Zahl von 74 964 Personenwagen gekommen; 19 179 Exemplare waren fürs Militär produziert worden. Und der 170 war auch das einzige Modell, mit dem der Personenwagenbau bei Daimler-Benz nach Beendigung des Krieges weiterging. Die ersten Exemplare verließen schon 1946 als mehr oder weniger behelfsmäßig karossierte Pritschen- oder Kastenwagen das Werk, auch einige Krankenwagen wurden gebaut. Und schon ein Jahr später ging die Serienfertigung nach Beseitigung der gröbsten Kriegsschäden weiter. Der 1947er Mercedes-Benz 170 V entsprach der Vorkriegsausführung; erhältlich war als Personenwagen aber lediglich die viertürige Limousine. Sie kostete vor der Währungsreform (Juni 1948) 6200 Reichsmark, anschließend 8180 D-Mark. Im Mai 1949 wurde der Preis des Wagens indes gesenkt – auf 7800 Mark, und von Januar bis Mai 1950, als der Typ Va eingeführt wurde, mußte man für den Wagen nurmehr 7380 Mark bezahlen.

Daß es gerade der Typ 170 war, mit dem Daimler-Benz nach 1945

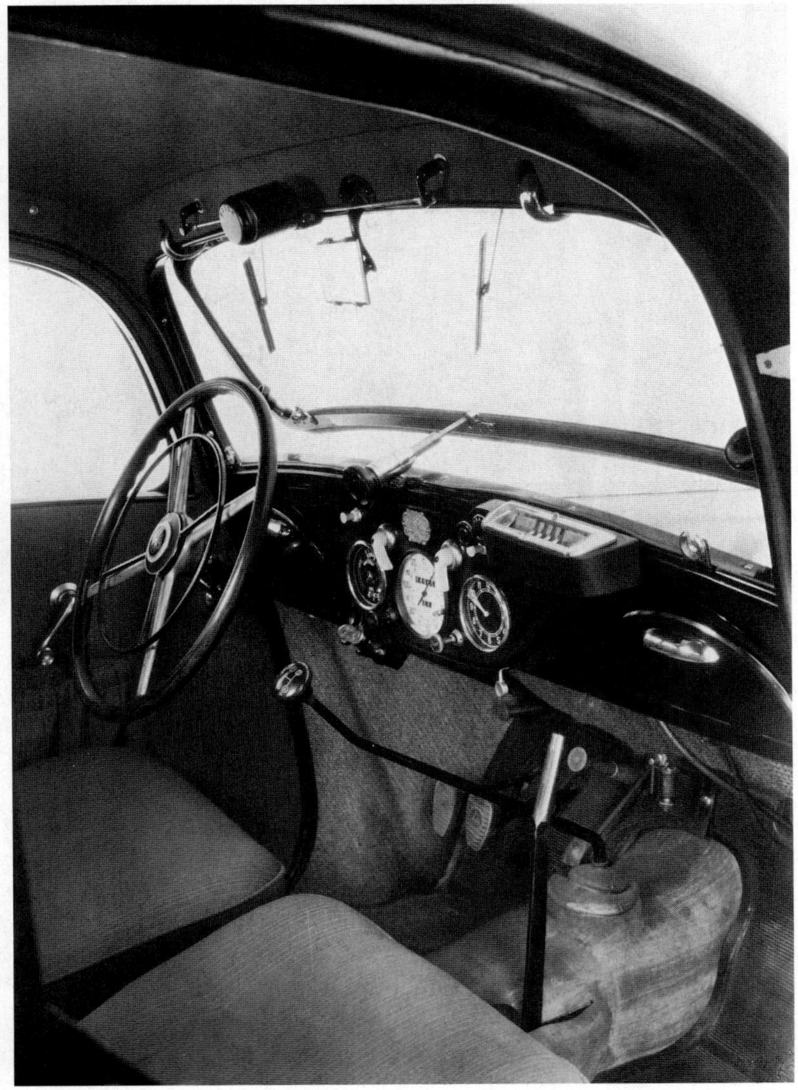

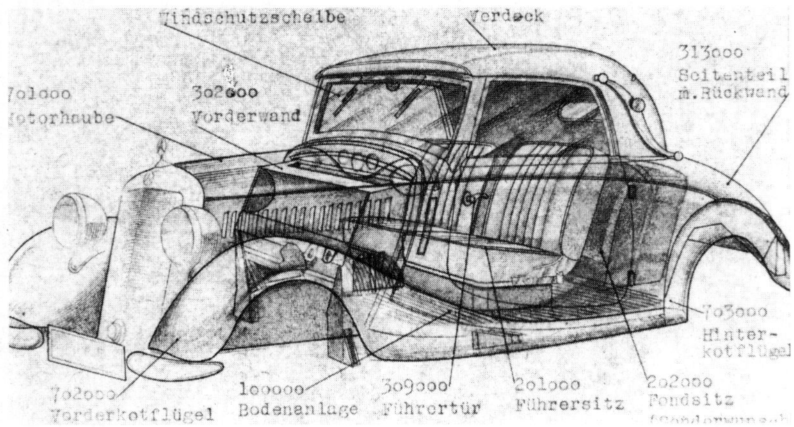

Oben: Blick in eine Mercedes-170-V-Cabriolimousine. Dieser Karosserietyp verband den Komfort eines geschlossenen Wagens mit den Annehmlichkeiten eines Cabriolets. Nach dem Kriege nahmen nur wenige Hersteller den Bau solcher Karosseriemodelle wieder auf.

Rechts und gegenüberliegende Seite: Aufnahmen aus dem Karosseriebau in Sindelfingen um 1936. Lehrlinge werden im Anfertigen von Polstern und Verdeckbezügen ausgebildet. Rechts oben: Auswattieren der hinteren Verdeckpartie; darunter eine Ausstattungs-Skizze zum A-Cabriolet und eine weitere Aufnahme aus dem Karosseriebau. Der Wagen im Vordergrund ist ein Modell 230 (W 153), dahinter ein 170 V Cabriolet B. Besonders im Cabrioletbau war ein hoher Anteil individueller Handarbeit erforderlich.

Vor dem Kriege gab es den 170 V auch als offenen Tourenwagen mit Cellon-Steckscheiben. Rechts das typische B-Cabriolet (zwei Türen, vier Fenster).

Die Cabriolimousine (unten) wurde ebenfalls nur vor dem Kriege hergestellt, sie war viertürig ausgeführt.

Ein 170 V auf Ferientour im Winter. Rechts daneben der Volant des A-Cabriolets von 1938.

Unten: Mercedes-Benz 170 V Cabriolet B von 1939. Man begnügte sich damals mit relativ kleinen Rückfenstern, ebenso waren Außenspiegel noch nicht obligatorisch.

Links: Zweitüriger Tourer der Vorkriegszeit; ein ähnlicher Wagen – jedoch viertürig – war der spätere 170 OTP.

wieder die Produktion aufnahm, war der Tatsache zu verdanken, daß für dieses Modell alle Werkzeuge zur Verfügung standen – was für die großen Mercedes-Wagen nicht der Fall war. Gern hätte man in Stuttgart auch einen Drei- oder Fünfliter-Wagen gebaut, von dem man sich in erster Linie gute Exportgeschäfte versprach. Diese Pläne erfüllten sich erst später.

Anfang 1949 besichtete der Motorjournalist und Verleger Paul Pietsch die Werksanlagen. Er schrieb in seiner Zeitschrift *Das Auto:* »Die Kriegsschäden sind jetzt zu 80 Prozent beseitigt . . . Bei einer Belegschaft, die allein in Untertürkheim bereits wieder auf 3500 Mann angewachsen ist, werden zur Zeit monatlich 750 Einheiten angefertigt.« Die Nachfrage war bei weitem größer als die Produktionskapazität: Lieferfristen von 16 bis 18 Monaten mußte der Besteller eines Mercedes 170 in Kauf nehmen. Einschränkungen in der Rohstoff-, Strom- und Kohlebelieferung drosselten das Ausstoßtempo. So waren denn Rohstofflieferanten und Behörden zunächst bevorzugte Kunden, auch der Export genoß Vorrang. Aus einfachem Grunde: Viele wichtige Rohstoffe waren damals nur gegen Devisen erhältlich.

Nur geringfügige Änderungen gab es in dieser Zeit am 170 V. Die frühere Handhebelbremse in der Wagenmitte war durch eine Stockhandbremse ersetzt worden, es gab wieder einen Thermostaten im Kühlwasserkreislauf (den die ersten Exemplare 1947/48 noch entbehren mußten) und andere Getriebeabstufungen. Ab Baujahr 1949 wurde auch die Kompression etwas angehoben – sie betrug jetzt 6,5:1. Man entsprach hiermit der zunehmenden Qualitätsverbesserung des Tankstellenbenzins. Der Solex-Vergaser vom Typ BFLVS war identisch mit dem des Vorkriegswagens. Geringfügig verändert hatten sich nach dem Kriege die Spurmaße: Bis 1942 hatten sie 1320 mm (vorn) und 1310 mm (hinten) betragen, nach dem Kriege 1310 bzw. 1296 mm. Man war von 5.25-Reifen (16 Zoll Durchmesser) auf 5.50-Reifen übergegangen.

In den Jahren vor 1950 ließ sich noch nicht absehen, welche Bedeutung die deutsche Automobilindustrie wieder erlangen sollte. Noch 1947 durften Autos nur in Stückzahlen gebaut werden, die – ungeachtet zur Verfügung stehender Betriebskapazitäten – der Alliierte Kontrollrat vorschrieb. Damals belief sich das Pkw-Kontingent für ganz

Der wohl eleganteste 170 V war das zweitürige, zweisitzige Cabriolet A, bei welchem Sitze und Windschutzscheibe gegenüber den viersitzigen Modellen um 50 mm nach hinten verlegt wurden. Auch waren Windschutzscheibe und Kühler stärker geneigt und die Kotflügel liefen in längerem Bogen nach hinten.

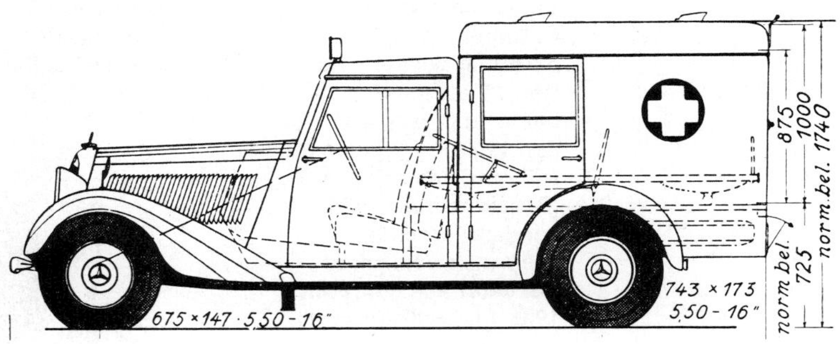

Nach dem Krieg hatte man andere Sorgen, als feine Cabriolets zu bauen. Die Realität verkörperten simple Kastenwagen (rechts), die ab 1946 – zunächst nur für Behörden – das Werk verließen.

Modell	Mercedes-Benz 170 V (W 136)
Produktionszeit	Juni 1947 – Mai 1950
Motor	Reihen-Vierzylinder M 136 I
Bohrung/Hub/ccm	73,5 × 100, 1697 ccm
Verdichtung	6:1 (ab 1949: 6,5:1)
Leistung	38 PS bei 3600 U/min
Ventile, Steuerung	sv, 1 seitl. Nockenwelle
Schmierung	Druckumlauf
Kühlung	Wasser, Pumpe
Vergaser	1 Steigstrom Solex 30 BFLVS
Elektrik	6 Volt 75 Ah
Kupplung	Einscheiben-Trockenkupplung
Getriebe	4-Gang, Stockschaltung
Lenkung	Schnecke/ZF
Fußbremse	hydr., Trommel/Vierrad
Handbremse	mech., Hinterräder
Chassis	Ovalrohr-X-Rahmen
Radstand, Spur v/h	2845, 1310/1296 mm
Gesamtabmessungen	4285 × 1580 × 1610 mm
Bereifung	5.50 – 16
Tankinhalt	42 Liter
Leergewicht	1160 kg
Höchstgeschwindigkeit	108 km/h
Stückzahlen	49 367 (einschl. Va und Vb)
Preise	RM 6200 (bis Juni 1948) DM 8180 (ab Juli 1948) DM 7800 (ab Mai 1949) DM 7380 (ab Januar 1950)

Die ersten nach dem Kriege gebauten 170 als Pritschen-, Kasten- oder Krankenwagen wurden nur an Behörden geliefert bzw. an Privat- oder Geschäftsleute mit einem amtlichen »Bezugsschein«. Reifen waren beizubringen.

Ganz oben: 170 V in der Ausführung von 1949. Darunter eine Kühlermessung bei der Firma Behr, Stuttgart-Feuerbach, an einem 170 V von 1939, vorgenommen während des Krieges (Scheinwerfer-Abdekkungen!). Rechts der 170 V als zweisitziger Roadster aus dem Jahr 1936. In der Kofferraumklappe befand sich eine Notsitzbank oder – wenn man darauf verzichtete – viel Platz für Reisegepäck.

Deutschland auf 40 000 Fahrzeuge (plus ebenso viele Lastwagen und 10 000 Motorräder bis 250 ccm Hubraum). Noch 1950 wartete man auf eine allgemeine »Benzinfreigabe«. Der Liter Normalbenzin kostete seinerzeit 55 Pfennig, der Liter Dieselkraftstoff 40 Pfennig. Den Bundeskanzler Konrad Adenauer erreichten Protesttelegramme des ADAC und anderer Institutionen, als eine geplante Preiserhöhung bekanntgegeben wurde. »Im Namen aller Verbraucher wehren wir uns gegen eine Anhebung des Treibstoffpreises auf 60 Pfennig!« schrieb Präsident Meyer-Seebohm vom ADAC nach Bonn. Vergebens . . .

Der Aufbau des Cabriolets (oben) war fertigungstechnisch noch in hohem Maße eine Stellmacherarbeit. Unten zwei Aufnahmen vom Cabriolet A; das Lenkrad läßt erkennen, daß dieses Fahrzeug erst nach dem Kriege (1949) zusammengebaut wurde (vorher gab es nur vierspeichige Lenkräder). In den Türen waren große Kartentaschen. Selbstverständlich verarbeitete man in Sindelfingen nur bestes Leder.

Oben: Blick in eine Pressenstraße des Daimler-Benz-Karosseriewerks Sindelfingen. Hier werden Kotflügel für die Wagen der 170er-Baureihe hergestellt.

Oben: 170 V Roadster aus dem Besitz eines Sammlers in Traunstein. Rechts eine 170 V Limousine. Während das A-Cabriolet mit einem Quersitz im Fond lieferbar war, wurde der Roadster (unten) durch einen Klappsitz im Kofferraum zum gelegentlichen Vierplätzer.

Vielleicht hätte man in Stuttgart gern wieder einen großen Reisewagen gebaut. Aber man griff die Vorkriegskonzeption des 170 auf:

Mercedes-Benz 170 Va

Mit einer Reihe von Verbesserungen stellte Daimler-Benz im Mai 1950 den 170 Va vor. Zunächst hatte man die Zylinderbohrung von 73,5 auf 75 mm erweitert, was einen Hubraum von 1767 ccm ergab. Aus der Leistung von 38 PS waren jetzt 45 geworden, das Drehmoment von 10 auf 11 mkp bei 1800 U/min gestiegen. Durch eine Verbreiterung der hinteren Spur um 46 mm hatte man die Straßenlage weiter verbessert. Der breiteren Spur entsprechend gab es im Wageninneren eine Kleinigkeit mehr Platz, und als besonders angenehm bewertete man die bessere Zugänglichkeit des Kofferraumes beim 170 Va (unten angelenkter Heckdeckel). Die Vordersitze ließen sich, auch während der Fahrt, einzeln nach vorwärts oder rückwärts verstellen, der Signalring auf dem Lenkrad war drehbar und diente zugleich als Winkerbetätigung. Neu waren auch die breiteren Bremsbacken, eine wirksame Entfrostungsanlage der Frontscheibe und der Zweitopf-Auspuff.

»Die breitere Spurweite der schraubengefederten Pendelachse hinten, neuerdings mit Teleskop-Stoßdämpfer, hat die Straßenlage verbessert«, schrieb *Das Auto* und sprach von einer guten »Ausgeglichenheit aller Organe und ihrer Funktion im Verhältnis zur Leistung«. Den Durchschnittsverbrauch ermittelten die Tester mit 10 bis 12 Liter pro 100 km, bei Vollgas kamen sie auf 14 Liter. »Das vollsynchronisierte Getriebe schaltet sich leicht; weniger gewöhnt man sich an die

Foto oben: Die ersten Nachkriegs-Va-Limousinen vor der Auslieferung. Die Fahrzeuge unterschieden sich äußerlich auf den ersten Blick kaum vom Vorgängermodell. Laut Werbung lief der 170 Va 116 km/h – das war 1950 ein beeindruckender Wert für einen Vierzylinder.

Handbremskrücke links – man muß sich, um sie zu greifen, weit nach vorne beugen . . .«
Der 170 Va kostete 7400 Mark, und mit seinem Erscheinen setzte man den Preis der noch vorhandenen 170 V von 7800 auf 7380 Mark herab. Die laufenden Betriebskosten (ohne Treibstoff) eines 170 Va ermittelte man mit 17 Pfennig pro Kilometer – damals bezahlte man aber für die jährliche Haftpflichtversicherung auch nicht mehr als 273 Mark, für einen Garagenplatz 20 Mark pro Monat und für einen Kredit, um den Wagen zu finanzieren, 6,5 Prozent. Die deutsche Automobilindustrie war 1950, fünf Jahre nach dem Zusammenbruch, wieder recht flott in Fahrt. Bei VW baute man 82 399 Fahrzeuge, bei Opel wurden 41 341 Olympia gefertigt, bei Ford 24 443 Taunus, bei Borgward 8744 Hansa. Von Daimler-Benz kamen 11 876 170 V, 16 421 170 S und 5606 170 D. Im Herbst verließ der 50 000. Nachkriegs-Personenwagen vom Typ 170 die Montagehallen in Sindelfingen.
Mit dem Va gewann Daimler-Benz zahlreiche neue Kunden, aber es gab auch eilige »Umsteiger«. Die Werbung versprach längere Lebens-

Modell	Mercedes-Benz 170 Va (W 136/VI)
Produktionszeit	Mai 1950 – April 1952
Motor	Reihen-Vierzylinder M 136 VI
Bohrung/Hub/ccm	75 × 100, 1767 ccm
Verdichtung	6,5:1
Leistung	45 PS bei 3600 U/min
Ventile, Steuerung	sv, 1 seitl. Nockenwelle
Schmierung	Druckumlauf
Kühlung	Wasser, Pumpe
Vergaser	1 Steigstrom Solex 30 BFLVS
Elektrik	6 Volt 75 Ah
Kupplung	Einscheiben-Trockenkupplung
Getriebe	4-Gang, Stockschaltung
Lenkung	Schnecke/ZF
Fußbremse	hydr., Trommel/Vierrad
Handbremse	mech., Hinterräder
Chassis	Ovalrohr-X-Rahmen
Radstand, Spur v/h	2845, 1310/1342 mm
Gesamtabmessungen	4285 × 1630 × 1610 mm
Bereifung	5,50 – 16
Tankinhalt	42 Liter
Leergewicht	1185 kg
Höchstgeschwindigkeit	116 km/h
Preis	DM 7400

Ganz oben: Schnittmodell eines Hundertsiebzigers (zweitüriges Vorkriegs-Cabriolet).

Der 170 Va (auch Da) von 1950 wies einen Kofferraumdeckel auf, der sich nach oben öffnete. In einer Mulde befand sich – wie schon vor dem Kriege – das Reserverad.

dauer des Motors, mehr Komfort im Interieur, bessere Fahreigenschaften – und wer eine Probefahrt machte, fand zumindest die beiden letztgenannten Punkte bestätigt. Die Schaltung des Getriebes ging noch leichter als beim 170 V (der Schalthebel war jetzt in einer Gummiführung gelagert), die Heizung zeigte mehr Effizienz, und eine Spitze von 116 km/h war auch beeindruckend. Bis April 1952 gab es dieses Modell, ehe es vom 170 Vb abgelöst wurde.

Der 1952 präsentierte Nachfolger des 170 Va wies zwar einige Neuerungen auf, erfüllte dennoch nicht ganz die in ihn gesetzten Erwartungen. Rund 4000 wurden von ihm gebaut:

Mercedes-Benz 170 Vb

Ende April 1952 kam der Mercedes-Benz 170 Vb auf den Markt. Äußerliches Kennzeichen dieses Typs waren die beiden waagrechten Parallel-Ziersicken in der Motorhaube, wo vorher 28 schräge Kiemen saßen. Auch führten die Stoßstangen jetzt weit um die Wagenseiten herum und die Windschutzscheibe, um etwa 15 Prozent in ihrer Fläche vergrößert, hatte einen schmalen, in Gummi eingefaßten und verchromten Rahmen bekommen. Abermals hatte man bei Daimler-Benz den Fahrkomfort des Hundertsiebziger gesteigert: Die vorderen Querblattfedern hatten etwas von ihrer Härte eingebüßt, die hintere Spurweite war auf 1360 mm vergrößert worden. Ganz neu war die hypoidverzahnte Hinterachse. Auch im Interieur gab es kleine, aber feine Veränderungen, so einen verdeckten Scheibenwischerantrieb.
Mit einem Verkaufspreis von 7900 Mark war die viertürige Limousine vom Typ 170 Vb um einiges teurer als der Va, was seine Ursache nicht zuletzt in dem erhöhten konstruktiven Aufwand bei diesem Fahrzeug hatte. Zum Vergleich: Im Sommer 1953 kostete der Borgward 1800 als Viertürer 9380 Mark, der (erste) Opel Olympia Rekord 6310 Mark, ein Citroën 11 CV 7400 Mark, ein MG TD Roadster 7100 Mark. Für den engagierten Mercedes-Benz-Fahrer waren dies aber kaum Alternativen, und ein Preis unter 8000 Mark für ein Automobil mit dem guten Stern auf dem Kühler sowie einem Karosserie-Styling, das sich in seiner ganzen Linienführung streng konservativ gab, war für manchen Kunden wichtiger als andere Kriterien. Auch im Ausland verzeichnete Daimler-Benz einen guten Absatz. Schon 1949 konnte die deutsche Automobil-Industrie 15 333 Exemplare wieder ans Ausland verkaufen, 1953 waren es 177 000 Fahrzeuge. Bei Daimler-Benz machte der Anteil in jenem Jahr 35 Prozent aus, ein Wert, der im Laufe der Zeit weiter anstieg – nicht zuletzt wegen der Beteiligung des Hauses am interna-

tionalen Renngeschehen, seit 1952 ein stark verkaufsfördernder Faktor im Personenwagen-Vertrieb. Aber auch die an Bedeutung zunehmende Fertigung von Fahrzeugen mit Dieselmotor trug dazu bei, daß die Exportquote bei Daimler-Benz stieg . . .Die Produktions- und Zulassungszahlen waren bei Daimler-Benz im Jahre 1952 weitaus schwächer als im Vorjahr gewesen und besserten sich erst wieder 1953. Der 170 Vb hatte nicht ganz die in ihn gesetzten Erwartungen erfüllt. Von den Benzinmodellen der 170er Baureihe wurden 1952 nur 8598 Stück verkauft, von den Dieseltypen 14 849.

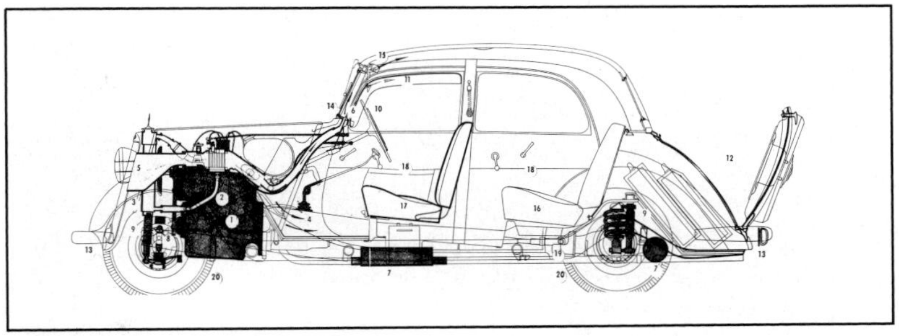

Modell	Mercedes-Benz 170 Vb (W 136/VI)
Produktionszeit	April 1952 – September 1953
Motor	Reihen-Vierzylinder M 136 VI
Bohrung/Hub/ccm	75 × 100, 1767 ccm
Verdichtung	6,5:1
Leistung	45 PS bei 3600 U/min
Ventile, Steuerung	sv, 1 seitl. Nockenwelle
Schmierung	Druckumlauf
Kühlung	Wasser, Pumpe
Vergaser	1 Steigstrom Solex 30 BFLVS
Elektrik	6 Volt 75 Ah
Kupplung	Einscheiben-Trockenkupplung
Getriebe	4-Gang, Stockschaltung
Lenkung	Schnecke/ZF
Fußbremse	hydr., Trommel/Vierrad
Handbremse	mech., Hinterräder
Chassis	Ovalrohr-X-Rahmen
Radstand, Spur v/h	2845, 1310/1360 mm
Gesamtabmessungen	4285 × 1630 × 1610 mm
Bereifung	5.50 – 16
Tankinhalt	42 Liter
Leergewicht	1185 kg
Höchstgeschwindigkeit	116 km/h
Preis	DM 7900

Gegenüberliegende Seite: Der 170 Vb wies statt der schrägen Lüftungskiemen in der Motorhaube zwei waagrechte Sicken auf. Die Windschutzscheibe war um 15 Prozent vergrößert worden. Oben rechts: Schnittzeichnung vom 1952er Vb. Die anderen beiden Bilder zeigen die seitlich herumgezogene Stoßstange und das großzügige Platzangebot im Wagen, dessen Fahrkomfort gegenüber dem Va verbessert worden war.

Der Motor wurde noch während des Krieges entwickelt. Aber erst 1949 gab es den 170 auch als Diesel.

Mercedes-Benz 170 D

Schon während des Krieges hatte man bei Daimler-Benz an einer Diesel-Version des Vierzylindermotors vom Typ 170 gearbeitet. Und als das Aggregat serienreif war, fand es zunächst dennoch keinen Eingang in den Personenwagenbau, sondern wurde in einem Nutzfahrzeug über einen längeren Zeitraum »getestet«, und zwar im von der Firma Böhringer (Göppingen) gebauten Unimog, ein Landwirtschafts-Vielzweck-Fahrzeug, das später von Daimler-Benz in eigener Regie weitergebaut werden sollte. Auf der Hannover-Messe des Jahres 1949 war dann der Mercedes-Benz 170 D erstmals zu sehen. »Man kann der Versicherung ohne weiteres Glauben schenken, daß mit diesem Motor bis zu 80 000 Kilometer ohne Generalüberholung gefahren werden können!« urteilte die Presse und verglich den Motor mit jenem des früheren 260 D, fand ihn aber wesentlich laufruhiger als das Vorkriegsaggregat. Das von Daimler-Benz-Ingenieuren entwickelte Vorkammersystem in Verbindung mit einer von Bosch gelieferten Einspritzpumpe erwies sich in der Tat als zuverlässig und leistungskonstant über lange Laufzeiten. Paul Pietsch schrieb, er sei »selten von einer Maschine so begeistert« gewesen. Nur bei einem Kaltstart meine man, am Lenkrad eines ausgewachsenen Fünftonners zu sitzen.

Äußerlich unterschied der 170 D sich nicht von seinem Schwestermodell mit Vergasermotor. Für ein paar Mark erhielt der Kunde einen verchromten »Diesel«-Schriftzug für den Kühlergrill – ansonsten war das Fahrzeug nur akustisch von einem Mercedes 170 mit Benzinmotor zu unterscheiden und natürlich durch den kleinen Hebel zwischen Tachometer und Zeituhr, der die Glühkerzen in Funktion setzte. Der 170 D lief zwar nur 100 km/h, aber der Verbrauch von nicht mehr als 6,5 Liter Dieselöl pro 100 Kilometer war das entscheidendere Argument. Eine Testfahrt, die 1949 in Form einer Parforce-Tour von Freiburg nach Hamburg unternommen wurde, ergab über eine Distanz von 800 Kilometer einen Kraftstoffverbrauch von genau 50 Litern zu 32 Pfennig – somit waren die Herren vom Schwarzwald zur Waterkant für 16 Mark gereist. Übrigens gab es damals an den Tankstellen noch kein spezielles Schmieröl für Dieselmotoren, erst 1950 wurden solche Schmierstoffe in Deutschland angeboten.

Werner Oswald testete den Mercedes-Benz 170 D für *Das Auto* im Jahre 1950 und schrieb: »Ein leichter Druck aufs Gaspedal und weg ist das unschöne Geräusch (des Dieselnagelns). Sobald der Motor auf Touren kommt, zeigt er für einen Diesel eine erstaunliche Laufruhe, die keinen wesentlichen Unterschied zum Benzinmotor mehr erkennen läßt . . . Nichts ist zu spüren von der sonst bei Dieselmotoren selbstverständlichen Trägheit.« Nur: Es schien Probleme mit der Spritzufuhr gegeben zu haben, in Form von Luftblasen in der Einspritzpumpe. In der Betriebsanleitung stand deshalb die Empfehlung, beim 170 D den Tank nie ganz leerzufahren.

Kritik fand ferner der nicht gerade reichlich bemessene Kofferraum (was ja auch für den 170 V zutraf), das seinerzeit noch freiliegende Scheibenwischergestänge, das »etwas zu schräg gestellte« Instrumentenbrett und die fehlende Möglichkeit, ein Radiogerät auf befriedigende Art und Weise einbauen zu können. Auch die Belüftungsanlage wurde als nicht optimal bezeichnet (die Heizung kostete seinerzeit noch einen Aufpreis von 140 Mark), und man wünschte sich eine bessere Zugänglichkeit des Ölmeßstabes. Dafür widerfuhr der Straßenlage des 170 D großes Lob, man vermerkte eine nur geringe Kurvenneigung und eine ausgezeichnete Wirkung der Bremsen. Vor allem habe man stets »ein absolutes Gefühl der Sicherheit«, hieß es.

Die Beschleunigungswerte hielten sich – dieselgemäß – in bescheidenen Grenzen. Von 30 auf 60 km/h war man, wenn man zum 3. Gang durchschaltete, in 9,5 Sekunden, von 40 auf 80 (4. Gang) in 21,1 Sekunden, von 0 auf 90 km/h in 38,9 Sekunden. Den 170 D gab es nur als viertürige Limousine zu kaufen, das Auto kostete 9200 Mark. Später wurde der 170 D auch als unkarossiertes Fahrgestell verkauft (6750 Mark) – aber damals kostete ein Satz Koffer, passend für jeden Hundertsiebziger, aus echtem Leder auch nur 295 Mark . . . Pietsch schrieb nach einer Testfahrt mit dem 170 D, er sei von dem Wagen so begeistert und habe sich so an ihn gewöhnt, daß es ihm schwerfiel, ihn wieder ans Werk zurückzugeben. Er fand den Wagen schlechthin »verblüffend«.

Modell	Mercedes-Benz 170 D (W 136/I)
Produktionszeit	Mai 1949 – Mai 1950
Motor	Reihen-Vierzylinder Diesel OM 636 I
Bohrung/Hub/ccm	73,5 × 100, 1697 ccm
Verdichtung	19:1
Leistung	38 PS bei 3600 U/min
Ventile, Steuerung	ohv, 1 seitl. Nockenwelle
Schmierung	Druckumlauf
Kühlung	Wasser, Pumpe
Einspritzung	Bosch-Pumpe, Vorkammer-Verf.
Elektrik	2 × 6 (12) Volt 75 Ah
Kupplung	Einscheiben-Trockenkupplung
Getriebe	4-Gang, Stockschaltung
Lenkung	Schnecke/ZF
Fußbremse	hydr., Trommel/Vierrad
Handbremse	mech., Hinterräder
Chassis	Ovalrohr-X-Rahmen
Radstand, Spur v/h	2845, 1310/1296 mm
Gesamtabmessungen	4285 × 1580 × 1610 mm
Bereifung	5,50 – 16
Tankinhalt	37 Liter
Leergewicht	Limousine 1250 kg
Höchstgeschwindigkeit	100 km/h
Stückzahlen	33 823 (einschl. Da und Db)
Preise	DM 9200 (ab Mai 1949) DM 8620 (ab Jan. 1950)

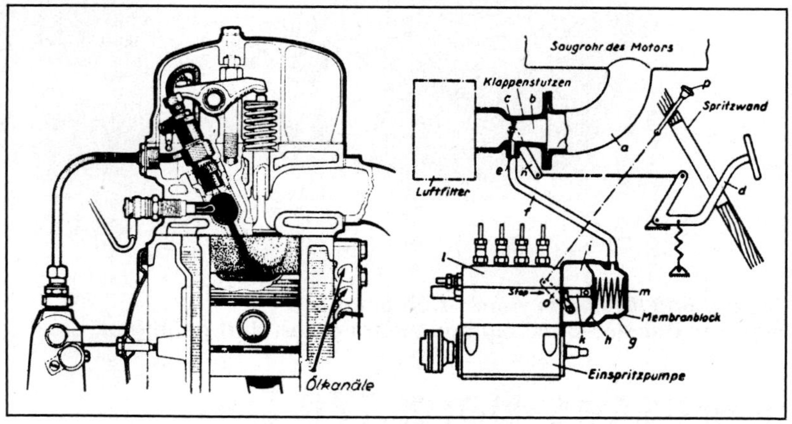

Links oben: Mercedes-Benz 170 D von 1949. Die Zeichnungen stellten den Verbrennungsraum des 170-Dieselmotors und eine schematische Darstellung der Arbeitsweise des pneumatischen Reglers dar.

Presse und Publikum waren sich einig –
hier war Daimler-Benz ein besonders guter Wurf gelungen:

Mercedes-Benz 170 Da

Parallel zum Mercedes-Benz 170 Va kam das Modell Da auf den Markt. Auch beim Motor dieses Modells hatte man die Bohrung auf 75 mm erweitert (jetzt 1767 ccm), aus 38 PS waren 40 PS geworden, und auch die Verbesserungen am Fahrwerk hatte man dem Dieselauto zugute kommen lassen. Äußerlich waren der 170 Va und der 170 Da weiterhin genau identisch, auch ihre Produktionszeit von Mai 1950 bis April 1952 verlief parallel, schon aus fertigungstechnischen Gründen. Der größere Motor verbrauchte nicht mehr als maximal 6,5 Liter Dieselkraftstoff (das entsprach knapp 5,5 kg) auf 100 Kilometer. Verglichen mit dem damaligen Benzinpreis, kam man auf einen Gegenwert von nur 3,8 Liter Vergaserkraftstoff auf 100 Kilometer. *Das Auto* lobte den 170 Da als einen »Rekord an Wirtschaftlichkeit, Fahreigenschaften und Sicherheit«, wie ihn kein anderer Wagen der Mittelklasse aufweise. Der österreichische Motorjournalist Ernst Wiese, für seine Exkursionen rund um die Welt seit langem bekannt, unternahm 1951 mit einem 170 Da eine Reise zum Polarkreis. Auf schlechtesten Straßen, manchmal bis zu 18 Stunden am Tag auf Achse, unterzog er den Wagen einem harten Test. Wiese bewältigte die 8800-Kilometer-Reise in zehn Tagen. Seine gesamten Treibstoffkosten bezifferte er auf 200 Mark. Vier Diesel-Mercedes nahmen auch an der ADAC-Deutschlandfahrt im Jahre 1952 teil. Auch diese Fahrzeuge kamen trotz wenig zartfühlender Behandlung auf keine höheren Verbrauchswerte als durchschnittlich 6,8 Liter. Übrigens nahm an jener Fahrt auch erstmals ein Mercedes-Benz 220 teil; er konkurrierte mit dem allgemein favorisierten Opel Kapitän.

Ein 170 Da brachte mit seinen 1250 Kilogramm mehr als einen halben Zentner mehr auf die Waage als der 170 Va, und in der Zuladung lag er mit 315 Kilogramm etwas unter der des Benziners mit 320 Kilogramm,

Gegenüberliegende Seite: 170 Da von 1950. Oben Ansicht der rechten Seite des 170-Dieselmotors mit dem zweiteiligen Ventildeckel. Unten die Frontpartie des Wagens, mit der des 170 V absolut identisch.

Modell	Mercedes-Benz 170 Da (W 136 VI)
Produktionszeit	Mai 1950 – April 1952
Motor	Reihen-Vierzylinder Diesel OM 636 VI
Bohrung/Hub/ccm	75 × 100, 1767 ccm
Verdichtung	19:1
Leistung	40 PS bei 3600 U/min
Ventile, Steuerung	ohv, 1 seitl. Nockenwelle
Schmierung	Druckumlauf
Kühlung	Wasser, Pumpe
Einspritzung	Bosch-Pumpe, Vorkammer-Verf.
Elektrik	2 × 6 (12) Volt 75 Ah
Kupplung	Einscheiben-Trockenkupplung
Getriebe	4-Gang, Stockschaltung
Lenkung	Schnecke/ZF
Fußbremse	hydr., Trommel/Vierrad
Handbremse	mech., Hinterräder
Chassis	Ovalrohr-X-Rahmen
Radstand, Spur v/h	2845, 1310/1342 mm
Gesamtabmessungen	4285 × 1630 × 1610 mm
Bereifung	5.50 – 16
Tankinhalt	37 Liter
Leergewicht	1250 kg
Höchstgeschwindigkeit	105 km/h
Preis	DM 8900

obwohl schon ein kleinerer Kraftstofftank – 37 statt 42 Liter, noch im Motorraum untergebracht – vorhanden war. Zum erhöhten Gewicht des Diesel-Mercedes trugen nicht zuletzt die beiden schweren Batterien bei (6 Volt, 75 Ah), sie waren unter den vorderen Sitzen untergebracht. Erst bei den S-Typen mit Dieselmotor wanderten die Akkus in den Motorraum und der Kraftstofftank ins Heck des Wagens.

Ein Mercedes-Dieselmotor war zwar überaus langlebig, doch als Austauschaggregat schlug er höher zu Buche als ein Benzinmotor. Im Tausch kostete ein Da-Vierzylinder 1100 Mark gegenüber 675 Mark, die man für den Austauschmotor vom Typ 170 Va zu zahlen hatte. Die Kosten für eine Tauschmaschine vom Typ 220 beliefen sich auf 1375 Mark.

Für den 170 Da kamen – wie für andere Modelle (nicht nur aus dem Hause Daimler-Benz) auch, unabhängig von der Zeit ihres Erscheinens – unterschiedliche Werksangaben auf den Markt. Einige Prospekte bescheinigen dem Wagen einen 39-Liter-Tank, andere 37 Liter. Auch Batteriekapazitäten differieren (75, 84, 87 Ah) wie auch die Menge der einzufüllenden Kühlflüssigkeit. Es sei dieser Hinweis gestattet, um auf die Verschiedenheit von Angaben seitens des Herstellerwerkes aufmerksam zu machen.

**Der robuste, wirtschaftliche Diesel im neuen Gewand.
Dieses Auto fuhr für nur zehn Mark von Frankfurt nach München:**

Mercedes-Benz 170 Db

Auch der Mercedes-Benz 170 Db ließ sich äußerlich kaum vom Parallelmodell 170 Vb unterscheiden, als es mit diesem im Mai 1952 die Va- bzw. Da-Typen ablöste. Der Db wurde bis zum Oktober 1953 gebaut, womit vom D/Da/Db insgesamt 33 823 Wagen dieser Reihe das Werk verließen.
Die Verbesserungen des Vb fanden sich selbstverständlich auch beim Db wieder: die weicheren Blattfedern vorn, die verbreiterte hintere Spur (jetzt 1360 mm), die Hypoid-Hinterachse. Auch die Motorhaube mit den zwei waagrechten Sicken hatte man dem Db gegeben sowie die neuen Stoßstangen, die um die Fahrzeugkanten herum in die Seiten der Kotflügel verliefen. Kostete die Benzinmotor-Ausgabe des Hundertsiebzigers 7900 Mark, so war der Diesel genau eintausend Mark teurer. Von beiden Modellen gab es jetzt auch – auf Sonderwunsch und bei auswärtigen Karosserieherstellern gefertigt – Kombiwagen, nicht nur Ambulanzen, wie schon bei früheren Hundertsiebzigern. Die Kombis wogen rund 100 kg mehr, hatten aber auch eine um 100 kg erhöhte Zuladekapazität.
Das Argument vom wirtschaftlichsten Personenwagen seiner Zeit galt für den Diesel-170er noch immer. »Mit welchem Wagen können vier Personen von Frankfurt nach München für DM 10,– Betriebsstoffkosten fahren?« – auf diese Frage, formuliert im 170-Db-Prospekt vom April 1953, gab es natürlich nur eine Antwort: In einem Mercedes. Und daß man in »schon 48 Sekunden« auf 100 km/h zu kommen vermochte, stimmte nicht nur die Daimler-Benz-Werber stolz. »Der Diesel er-

Oben: Mercedes-Benz 170 Db. Die Karosserie entsprach der des 170 V/D, doch die Motorhaube wies statt der schrägen Kiemen zwei Längsschlitze auf – wie der Benziner 170 Vb.

freut sich nicht nur in Deutschland besonderer Beliebtheit«, schrieb Paul Schweder in der ADAC-Motorwelt, »sondern vor allem in jenen Ländern, in denen große Preisunterschiede zwischen Benzin- und Dieselkraftstoff bestehen. Das ist zum Beispiel in Holland, Spanien und Belgien der Fall. Man könnte direkt neidisch werden.«
Als Extras erhielt man für den Wagen – natürlich für jede Version, ob mit Diesel- oder Benzinmotor – Schiebedach, Reserveraddeckel, Radio, Spezialkoffer, Nebellampen in verschiedenen Versionen, Kühlerjalousien, Rückfahrscheinwerfer, Skihalter, Fußmatten, Polsterschonbezüge, Radzierblenden, Mehrklanghupen und beleuchtete Nationalitäts-Kennzeichen. Das Reserverad-Abdeckblech kostete nur 50 Mark, das Sicherungsschloß dazu 5 Mark 80. Einen gläsernen Aschenbecher konnte man sich im Fond für 4 Mark 90 installieren lassen, Liegesitzbeschläge verzeichnete der Zubehörkatalog für 110 Mark pro Stück. Auch ließ sich das dunkle Lenkrad gegen ein weißes auswechseln (Mehrpreis: 38 Mark), und wer sein Auspuffendrohr mit einer Chromblende schmücken wollte, erhielt dieses für ganze 6 Mark. Für einen Satz Bordwerkzeuge bezahlte man 19 Mark 10 und für das Db-Set 26 Mark 95.
Obwohl Vb und Db eine Reihe markanter Unterscheidungsmerkmale gegenüber dem Va und Da aufwiesen, ließ sich das neuere Modell auf dem Typenschild vom alten nicht unterscheiden – hier hatte man die Bezeichnung Va bzw. Da beibehalten, und in der Werksstatistik wurden auch die Produktionszahlen der V/Va/Vb ebenso zusammengenommen wie die der Modelle D/Da/Db (vgl. tabellarische Aufstellung auf Seite 118/119).

Links: Motor des Db mit einteiligem Ventildeckel. Laufleistungen von mehr als 100 000 Kilometer galten bei diesem Dieselmotor als selbstverständlich. Der 170 Db lief viel als Taxi. Beim Vb wie beim Db saß das Reserverad im Kofferraumdeckel.

Modell	Mercedes-Benz 170 Db (W 136 VI)
Produktionszeit	Mai 1952 – Oktober 1953
Motor	Reihen-Vierzylinder Diesel OM 636 VI
Bohrung/Hub/ccm	75 × 100, 1767 ccm
Verdichtung	19:1
Leistung	40 PS bei 3600 U/min
Ventile, Steuerung	ohv, 1 seitl. Nockenwelle
Schmierung	Druckumlauf
Kühlung	Wasser, Pumpe
Einspritzung	Bosch-Pumpe, Vorkammer-Verf.
Elektrik	2 × 6 (12) Volt 75 Ah
Getriebe	4-Gang, Stockschaltung
Lenkung	Schnecke/ZF
Fußbremse	hydr., Trommel/Vierrad
Handbremse	mech., Hinterräder
Chassis	Ovalrohr-X-Rahmen
Radstand, Spur v/h	2845, 1310/1360 mm
Gesamtabmessungen	4285 × 1630 × 1610 mm
Bereifung	5.50 – 16
Tankinhalt	37 Liter
Leergewicht	1250 kg
Höchstgeschwindigkeit	105 km/h
Preis	DM 8900

Ein Klassiker, der auf einer Vorkriegskonstruktion basierte
und 1949 auf dem Pariser Automobilsalon für Gesprächsstoff unter Liebhabern sorgte:

Mercedes-Benz 170 S

Ein schon vor dem Kriege entwickelter Typ 170 VX (W 158) war die Basis für den Typ »170 Sonderklasse«, abgekürzt 170 S, dessen Prototyp 1941 entstand. Das stilistische Gesamtkonzept entsprach dem des Mercedes 230 (W 153). Nach eingehenden Studien an jenem Versuchswagen, in deren Verlauf auch das Reserverad vom Heckdeckel ins Innere des Kofferraums verschwand, wurde im Mai 1949 das neue Modell serienreif vorgestellt, zur gleichen Zeit wie der 170 D.
Die Verwandtschaft zum 230 der Vorkriegszeit machten auch die Karosserievarianten deutlich, die vom 170 S erhältlich waren. Eine Gegenüberstellung der Cabriolet-A-Ausführungen ließ die Ähnlichkeit erkennen, und die aufwendige, geschmackvolle Ausstattung in Holz und Leder setzte alte Mercedes-Traditionen fort. Das Instrumentenbrett mit seinem auf die Fahrerseite verlegtem Kontroll- und Bedienungsteil und das große Ablagefach auf der Beifahrerseite waren ebenfalls Merkmale, die man vom Vorkriegs-230 übernommen hatte. Beim Cabriolet B – zweitürig, viersitzig – verbanden sich die an der Limousine orientierten Konturen mit sportlicher Eleganz. Die Dachpartie natürlich ausgenommen, war das Cabriolet B wie die Limousine mit einem Ganzstahlaufbau karossiert.
Mit seinen Weißwandreifen war der Mercedes-Benz 170 S eines der aufregendsten Automobile auf dem Pariser Salon 1949, und es beeindruckte nicht nur durch Ästhetik. Unter der Motorhaube gab es eine um 37 Prozent gesteigerte Leistung gegenüber dem Vierzylinder des

Der Mercedes-Benz 170 S in seiner Ausführung als Cabriolet B (oben links) und Limousine (oben rechts). Das Reserverad ließ sich beim S-Modell flach im Kofferraum unterbringen oder auf einem Reserveradträger, wie man ihn bereits beim Modell 230 vor dem Kriege erhalten konnte. Maßgeschneiderte Koffer gab es ebenfalls.

170 V. Der auf 1767 ccm vergrößerte Motor (75 × 100 mm), wie man ihn später auch im Va/Vb einbaute, leistete 52 PS bei 4000 U/min, woran der neue Solex-Fallstrom-Vergaser vom Typ 32 PICB nicht unbeteiligt war. Die Kurbelwellenlager bestanden beim 170 S aus Bleibronze, der stärkeren Belastung Rechnung tragend, die Kolben waren aus einer Leichtmetall-Legierung. Die Presse sprach – man schrieb 1949! – von einer »absolut friedensmäßigen« Verarbeitung. Testfahrten zeigten, daß die 122 km/h Spitze zugleich Dauertempo bedeuteten.

Ganz unten: Der Mercedes 170 S »Innenlenker« machte überall einen ausgezeichneten Eindruck.

Die Zeichnung zeigt das Schema des Ölkreislaufs im 1767-ccm-Motor (75 × 100 mm) des Modells 170 S.

Blick unter die »Alligatorhaube« in den Motorraum des 170 S. Unten der Service-Anhänger einer Daimler-Benz-Werkstatt der fünfziger Jahre, ein großes Werkzeugsortiment sowie eine Anzahl von Ersatzteilen enthaltend.

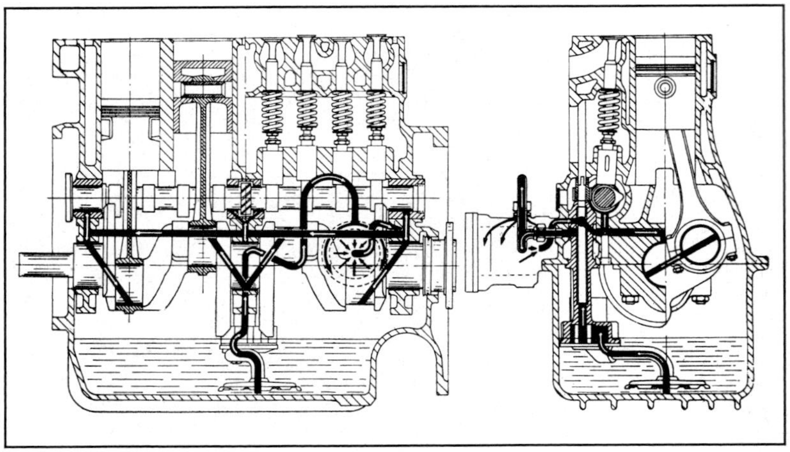

Der mustergültige Fahrwerksbau mit Elementen, die zweifellos aus Erfahrungen mit Rennwagen stammten, der seidenweiche Lauf des Motors, die gediegene Ausstattung des Wagens wurden von allen Seiten gelobt. »Es ist gelungen«, schrieb der *Motor,* »aus einem langhubigen Vierzylinder mit stehenden Ventilen ziemlich viel an Leistung herauszuholen – 29,4 PS pro Liter. Der Testverbrauch bewegte sich um 12,3 Liter pro 100 Kilometer und bestätigt damit die alte Faustregel, wonach der Verbrauch stets etwa ein Hundertstel des Eigengewichts beträgt.« Von 0 auf 100 km/h beschleunigte der 170 S in 31 Sekunden. Und mit einem 170 S machte man Eindruck. Eine Redakteurin

Die enge stilistische Verwandtschaft des 170 S mit dem 230 (W 153) der Vorkriegszeit machen die beiden Fotos links deutlich. Die zweitürigen A-Cabriolets – oben der 2,3 Liter, unten der 1,7 Liter – liegen zwölf Jahre auseinander, unterscheiden sich aber in der Karosserie so gut wie gar nicht. Der 230 links ist ein rechtsgelenktes Exportmodell. Darunter: 170 S, Cabriolet B, Baujahr 1950.

Unten: Zunehmende Bedeutung maß man der Gepäckmitnahme bei. Wer mit weniger Koffern auskam, brachte ein zweites Reserverad im Kofferraum des Mercedes 170 S unter (Zeichnung unten links).

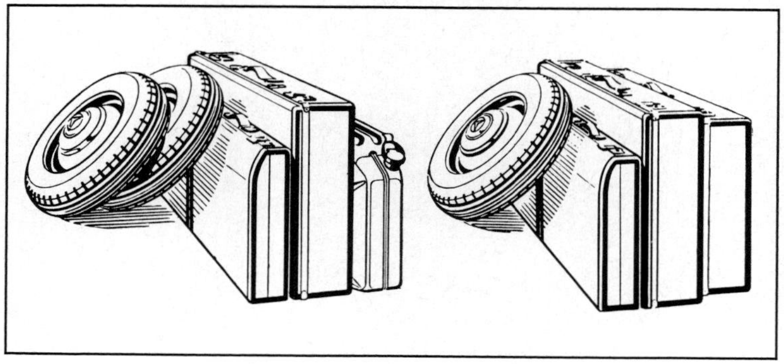

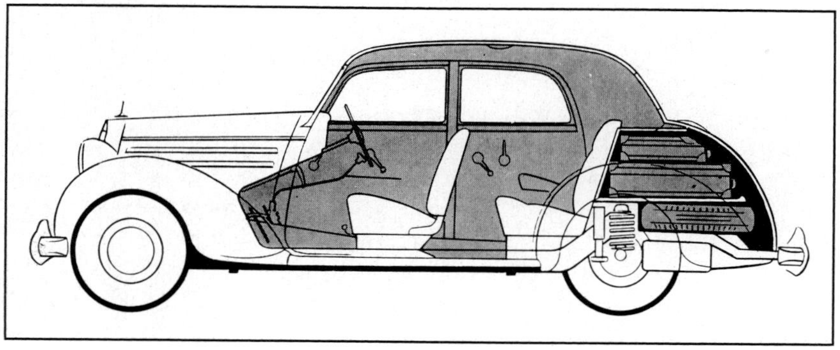

In diesem 170 S Cabriolet A befindet sich in der Armaturenbrettmitte ein Radiogerät mit kreisrunder Skala, das man gegen Aufpreis erhielt.

der *Motor Rundschau* wußte von Tankwarten zu berichten, die angesichts des Wagens die Mütze vom Kopf rissen und der Lenkerin zu diesem Fahrzeug gratulierten . . . Der Preis des 170 S als viertürige Limousine betrug 10 100 Mark; das Cabriolet A kostete 15 800, das Cabriolet B 12 850 Mark. Von beiden letztgenannten Versionen, die nach 1951 nicht mehr gebaut wurden, sind insgesamt 2433 Stück angefertigt worden, von der viertürigen Limousine, die es bis Ende Februar 1952 gab, 26 331 Stück.

Modell	Mercedes-Benz 170 S (W 136/IV)
Produktionszeit	Mai 1949 – Februar 1952
Motor	Reihen-Vierzylinder M 136 III
Bohrung/Hub/ccm	75 × 100, 1767 ccm
Verdichtung	6,5:1
Leistung	52 PS bei 4000 U/min
Ventile, Steuerung	sv, 1 seitl. Nockenwelle
Schmierung	Druckumlauf
Kühlung	Wasser, Pumpe
Vergaser	1 Fallstrom Solex 32 PICB
Elektrik	6 Volt 75 Ah
Kupplung	Einscheiben-Trockenkupplung
Getriebe	4-Gang, Stockschaltung
Lenkung	Schnecke
Fußbremse	hydr., Trommel/Vierrad
Handbremse	mech., Hinterräder
Chassis	Ovalrohr-X-Rahmen
Radstand, Spur v/h	2845, 1315/1420 mm
Gesamtabmessungen	Limousine 4455 × 1684 × 1610 mm Cabrio A 4510 × 1684 × 1560 mm Cabrio B 4455 × 1684 × 1610 mm
Bereifung	6.40 – 15
Tankinhalt	47 Liter
Leergewicht	Lim. 1220, Cabrio A/B 1270 kg
Höchstgeschwindigkeit	122 km/h
Stückzahlen	28 764 (davon 2433 Cabriolets)
Preise	Limousine DM 10 100 Cabrio B DM 12 850 Cabrio A DM 15 800

Links: Fahrgestell des Mercedes-Benz 170 S. Die Konzeption dieses Wagens entstand bereits bei Ausbruch des Krieges. Der tiefe Schwerpunkt, die auf Schraubenfedern mit Teleskopstoßdämpfern beruhende Federung auch an der Vorderachse galten als fortschrittliche technische Merkmale. Das Interieur mit viel Edelholz und echtem Leder knüpfte an alte Daimler-Traditionen an.

Ganz oben zwei Ansichten der Cabriolet-A-Version. Weißwandreifen standen dem 170 S nicht schlecht.

Eine viertürige Limousine vom Typ 170 (Sechszylinder) mit Sonnenschein-Dach aus dem Besitz eines belgischen Sammlers.

Aus dem Fotoarchiv des Mercedes-Benz-Liebhabers

Die klassische, zeitlose Schönheit der Linien eines Mercedes-Benz kommt auf den Fotos der folgenden Seiten deutlich zum Ausdruck. Es handelt sich bei den Schwarzweißaufnahmen um historische Fotos aus der Bauzeit der dargestellten Fahrzeuge, bei den Farbaufnahmen um solche toprestaurierter Exemplare aus dem Besitz von Sammlern, die in ihre Autos viel Liebe und Arbeit investierten.

S.333.K

DAIMLER
BENZ-A.G.

L-9478

Der richtige Wagen für den sportlichen Herrenfahrer: Mercedes-Benz 170, 1933, als Roadster mit Rechtslenkung (links). Darüber ein 1931er 170 als viertürige Limousine und als Lieferwagen.

Sportlimousine Typ 150 vor dem Start der 2000-km-Deutschlandfahrt 1934. Daimler-Benz hatte eine ganze Equipe dieser Fahrzeuge gemeldet.

Oben: Mercedes-Benz 170 V Cabriolet 1936, aufgenommen in Ladenburg, traditioneller Treffpunkt der Mercedes-Veteranen-Liebhaber. Rechts ein 170 Da von 1952, ein von der Firma Hägele karossierter Kombi für die Wasser- und Schiffahrtsdirektion Baden-Württemberg.

Links: Ein Vorkriegs-Mercedes 170 V mit Holzgasanlage, wie sie Daimler-Benz herstellte.

CAPELLENHAGEN-HIRTSHALS-SKAMMESTEIN
DEUTSCHLAND-NORGE
AUTOMOBIL-VETERANEN-HOF-CAPELLENHAGEN NR.1
W170

Oben: Die ersten Nachkriegs-Hundertsiebziger Limousinen verlassen das Werk. Links einer der Pritschenwagen, wie sie ab 1946 in bescheidenem Umfang wieder gebaut wurden. Die Gebäude im Hintergrund verraten noch manches Provisorium, mit dem man damals leben und arbeiten mußte.

Rechts: Werbeaufnahme aus dem Jahre 1938. Ein Mercedes-Benz 170 Cabriolet A am Ufer des Rheins.

Links: Mercedes-Benz 170 Vb von 1952. Rechts: 170 V Roadster von 1937 in der typischen Lackierung jener Jahre.

Links: Mercedes-Benz 170 S als Cabriolet A, Baujahr 1950. Die Seitenteile der Motorhaube sind feststehend und weisen auch nicht die horizontalen Zierkiemen des B-Cabriolets (rechts, Modell 220) auf.

Links: Mercedes-Benz 170 S Cabriolet A von 1950. Rechts: Modell 170 Da OTP (Offener Tourenwagen Polizei) von 1951 mit nachträglich aufgesetzten Blinkern in den vorderen Kotflügeln.

W23-4938

Links: Mercedes-Benz 220 Cabriolet B, wie es von 1951 bis 1954 gebaut wurde. Rechts eine zweifarbig lackierte Limousine des Typs 220.

Mercedes-Benz 220 Limousine, Baujahr 1952, aus dem Besitz eines Frankfurter Oldtimer-Sammlers.

Dieses Inserat erschien im Herbst 1950 in der Automobil-Fachpresse. Der Hundertsiebziger erlebte damals seine Blütezeit. In der Dieselversion kostete der Wagen 1240 Mark mehr. Man erhielt viel Auto fürs Geld!

Der Nachfolger des Mercedes-Benz 170 S wartete mit Verbesserungen auf, die ihren Preis wert waren:

Mercedes-Benz 170 Sb

Der 170 S hatte neue Maßstäbe gesetzt, was eine geglückte Synthese zwischen modernster Technik und traditioneller Bauweise betraf. »Seit jeher haben die Daimler-Benz-Werke sich gegenüber Modeströmungen bewußt zurückgehalten und es vorgezogen, den eigenen Stil weiterzuentwickeln«, verlautete es aus Stuttgart 1949, und als Ende 1951 eine Reihe von Verbesserungen serienreif waren, baute man nicht gleich ein neues Auto um sie herum, sondern ließ die Neuerungen, ohne groß Aufhebens von ihnen zu machen, in die Produktion einfließen. So gab es ab Januar 1952 das S-Modell als 170 Sb zu kaufen. Mit einer neuen Hypoid-Hinterachse und einer um 15 mm verbreiterten hinteren Spur war der Wagen weiter verbessert worden, ohne daß man ihm dies äußerlich ansah. Ein Blick ins Wageninnere machte den Unterschied indessen deutlich: Der 170 Sb hatte keinen Bodenschalthebel mehr, sondern Lenkradschaltung.

Unter der Motorhaube hatte sich noch mehr verändert. Der 1767-ccm-Motor wies einen Nockenwellenantrieb mittels Duplexkette auf, die den Stirnrädersatz abgelöst hatte. Das »zwangssynchronisierte« Getriebe des 170 Sb entsprach in seinen Abstufungen noch immer dem des 170 V (4,025 – 2,280 – 1,420 – 1,000:1), lediglich die Endübersetzung war von 4,375 (S-Modell) auf 4,44:1 verändert worden. Mit 1250 kg war der Sb um 30 kg schwerer als der S, vertrug aber eine um 85 kg erhöhte Zuladung. Der Normverbrauch beider Versionen wurde werksseitig mit 12 Liter auf 100 Kilometer angegeben; der 47-Liter-Kraftstofftank befand sich im Heck.

Foto oben: Mercedes 170 Sb Baujahr 1952. Leicht zu identifizieren durch einen Blick ins Interieur – dieser Wagen hatte im Unterschied zu seinem Vorgänger Lenkradschaltung und einen Starterknopf am Armaturenbrett. Auch hatte man jetzt die Kofferscharniere versenkt.

Von der Presse durchgeführte Langstreckentests erbrachten günstigere Durchschnitts-Verbrauchswerte, nämlich 10,9 Liter auf 100 Kilometer mit relativ hohen Dauergeschwindigkeiten auf der Autobahn und etlichen Großstadt-Durchfahrten. Allerdings schnitt der Diesel im Vergleich stets besser ab: Auf der gleichen Meßstrecke kamen die Tester auf rund 7,4 Liter Verbrauch. Bei einer Jahresleistung von 10 000 Kilometern, so errechneten sie, ließen sich beim Diesel 376 Mark an Kraftstoffkosten gegenüber dem Benziner einsparen, bei 30 000 Kilometern gar 1128 Mark. So jedenfalls sah die Rechnung im Jahre 1953 aus. Allerdings: Damals mußte man für »Heizung und Lüftung« noch immer 185 Mark draufzahlen!
Wer den Gepäckraum zur Mitnahme eines weiteren Koffers nutzen wollte, konnte dies mit Hilfe eines Reserveradträgers, den man auf die Stoßstangenhalter montierte. Es gab ihn auch für den 220; ein solches Rad kostete einschließlich schwenkbarem Bügel 120 Mark (natürlich konnte man auch das serienmäßig vorhandene Reserverad daran be-

Äußerlich ist der 170 Sb vom S kaum zu unterscheiden. Am Volant wird's deutlich: Der Sb, gebaut von Januar 1952 bis August 1953, wies einen Knopfanlasser am Armaturenbrett sowie Lenkrad- statt der bisherigen Stockschaltung auf.

festigen und sich die Anschaffung eines zweiten Rades sparen). Ein vierteiliger Koffersatz belief sich auf 350 Mark.
Eindruck-Zentralschmierung galt seit jeher beim Mercedes als Selbstverständlichkeit. Auch das kombinierte Lenk/Zündschloß – lange, bevor Diebstahlsicherungen im Personenwagen gesetzlich vorgeschrieben wurden – war beim Mercedes-Benz ein traditionelles Utensil. Statt des bisherigen Fußanlaßschalters über dem Gaspedal wies der 170 Sb jetzt aber einen Starterknopf am Armaturenbrett auf.
Den Mercedes-Benz 170 Sb baute man in Stuttgart bis zu den Werksferien im August 1953. Kurz zuvor war eine neue Variante des Hundertsiebzigers auf den Markt gekommen, der 170 S-V. Mit diesem Automobil sollte der letzte Benziner im Gewand des klassischen 170-Design präsentiert werden.

Modell	Mercedes-Benz 170 Sb (W 191)
Produktionszeit	Januar 1952 – August 1953
Motor	Reihen-Vierzylinder M 136 III
Bohrung/Hub/ccm	75 × 100, 1767 ccm
Verdichtung	6,5:1
Leistung	52 PS bei 4000 U/min
Ventile, Steuerung	sv, 1 seitl. Nockenwelle
Schmierung	Druckumlauf
Kühlung	Wasser, Pumpe
Vergaser	1 Fallstrom, Solex 32 PICB
Elektrik	6 Volt 75 Ah
Kupplung	Einscheiben-Trockenkupplung
Getriebe	4-Gang, Lenkradschaltung
Lenkung	Schnecke
Fußbremse	hydr., Trommel/Vierrad
Handbremse	mech., Hinterräder
Chassis	Ovalrohr-X-Rahmen
Radstand, Spur v/h	2845, 1315/1435 mm
Gesamtabmessungen	4455 × 1684 × 1610 mm
Bereifung	6.40 – 15
Tankinhalt	47 Liter
Leergewicht	1250 kg
Höchstgeschwindigkeit	122 km/h
Stückzahlen	8094
Preis	Limousine DM 10 100

**Der 180 war schon auf dem Markt –
noch aber verdrängte er den guten, alten 170 nicht:**

Mercedes-Benz 170 S-V

Mit dem Erscheinen des Ponton-Mercedes 180 im September 1953, seit langem geplant und auf das Gründlichste vorbereitet, schien man bei Daimler-Benz in einen gewissen Konflikt geraten, was die 170er-Baureihe betraf. Denn man vermochte sich von dem traditionsreichen Wagen nicht so schnell zu trennen. So gab es ab Juli 1953 einen S-V, der äußerlich ein S-Modell war, aber Motor und Vorderachse des V-Modells aufwies. Den 45-PS-Wagen gab es noch bis zum Frühjahr 1955, also parallel zum 180; er kostete 8300 Mark und war lediglich als Limousine zu haben.

Links: Der Mercedes-Benz 170 S-V aus der Vogelperspektive.

Ganz oben: Mit dem Mercedes-Benz 170 S-V, Baujahr 1954, auf dem 2045 Meter hohen Oberalp-Pass. In den Händen eines Schweizer Mercedes-Liebhabers legte dieser Wagen weit über 100 000 Kilometer zurück.

An der Motorhaube fehlten die seitlichen Chromleisten, den Drehgriff am Kofferdeckel hatte man durch einen einfachen Bügel ersetzt. Statt der 6.40 × 15-Zoll-Räder hatte man dem S-V solche der Dimension 5.50 × 16 gegeben, ebenfalls dem alten 170 V entsprechend. Vom 170 S wieder stammten das Getriebe und die Lenkradschaltung. Etwas vereinfacht hatte man auch die Innenausstattung des Wagens, von dem Generaldirektor Könecke von der Daimler-Benz AG sagte: »Das ist unser Mercedes für jedermann.«

Ursprünglich sollte der 170 S-V übrigens 170 Vc genannt werden. Da sich der Wagen als eine gesunde Mischung aus modernen Fahrwerkselementen und dem etwas schwächer ausgelegten Antriebsaggregat des 170 V gut bewährte, stellte er so etwas wie eine letzte Gelegenheit für Mercedes-Liebhaber dar, einen echten, langbeinigen »Klassiker« zu günstigem Preis zu erwerben, der über viele Jahre seinen Wert behalten sollte ... Die 3122 Exemplare des S-V stehen fast 40 000 im gleichen Zeitraum gebauten Mercedes 180 (mit Benzinmotor) gegenüber; von den anderen 170er-Varianten (Diesel) wurden ebenfalls noch über 30 000 Stück gefertigt.

Modell	Mercedes-Benz S-V (W 136 VIII)
Produktionszeit	Juli 1953 – Februar 1955
Motor	Reihen-Vierzylinder M 136 VIII
Bohrung/Hub/ccm	75 × 100, 1767 ccm
Verdichtung	6,7:1
Leistung	45 PS bei 3600 U/min
Ventile, Steuerung	sv, 1 seitl. Nockenwelle
Schmierung	Druckumlauf
Kühlung	Wasser, Pumpe
Vergaser	1 Steigstrom Solex 30 BFLVS
Elektrik	6 Volt 70 Ah
Kupplung	Einscheiben-Trockenkupplung
Getriebe	4-Gang, Lenkradschaltung
Lenkung	Schnecke
Fußbremse	hydr., Trommel/Vierrad
Handbremse	mech., Hinterräder
Chassis	Ovalrohr-X-Rahmen
Radstand, Spur v/h	2845, 1310/1435 mm
Gesamtabmessungen	4450 × 1685 × 1590 mm
Bereifung	5.50 – 16
Tankinhalt	47 Liter
Leergewicht	1220 kg
Höchstgeschwindigkeit	115 km/h
Stückzahlen	3122
Preis	DM 8300

Links das moderne Fahrgestell des 170 S-V, bei dem lediglich Motor und Vorderachse vom 170 V übernommen wurden. Oben das reichhaltig ausgestattete Armaturenbrett. Den S-V gab es von Juli 1953 bis Februar 1955.

Auch den Mercedes-Benz 170 Sb gab es jetzt in einer Dieselversion. Vielen Besitzern blieb er über 100 000 Kilometer lang treu:

Mercedes-Benz 170 DS

Den mit Hypoid-Hinterachse und Lenkradschaltung gelieferten 170 Sb konnte man ab Januar 1952 ebenfalls in einer Dieselversion bekommen, genannt 170 DS. Äußerlich erkennbar war dieses Modell – wie auch der Sb – an den nach innen verlegten Scharnieren des Kofferdeckels und dem etwas größeren Rückfenster, mit verchromtem, in Gummi gefaßtem Rahmen.

In seinen Leistungsdaten war der Motor des DS mit dem des Db absolut identisch. Er brachte es bei 3200 Touren auf 40 PS, gut für 105 km/h. Etwas vergrößert hatte man den Kühler, und wie beim S-Modell befand sich der Kasten für die Batterien jetzt unter der Motorhaube, nur, daß es beim Diesel zwei waren. Nach wie vor wurde die 12-Volt-Anlage durch zwei separate 6-Volt-Batterien versorgt. Der gesamte übrige technische Aufbau des DS entsprach dem des 170 Sb, er hatte auch dessen breitere Spur. Nur die Reifendimension war nicht die des S-Typs, sondern lehnte sich an die des S-V und des Db an, sie betrug 5.50 × 16. Eine damals noch nicht so ausgefallene Größe; der Opel Kapitän hatte sie bis 1950 gehabt, der DKW Meisterklasse bis Mitte 1952, der Porsche rollte bis 1955 auf 16-Zoll-Felgen einher. Der 170 DS kostete 1952 10 985 Mark, das waren keine 1000 Mark weniger als der Mercedes-Benz 220 und 885 Mark mehr als das gleiche Modell mit Vergasermotor. Die Palette des Angebots war bei Daimler-Benz 1952 recht breit; sie umfaßte neben dem 220 auch schon den großen Dreihunderter, der ab Juli als Spitzenmodell des Mercedes-Benz-Programms in seiner Ausführung als A-Cabriolet auf den Markt kam – 34 500 Mark teuer.

Der DS, gebaut bis zum August 1953 (Beginn der Werksferien bei Daimler-Benz), war aber noch nicht der letzte Diesel-Hundertsiebziger. Zwei weitere volle Jahre lang – also noch nach der Präsentation des 180 D – sollte der 170 S-D auf dem Markt bleiben. Daimler-Benz bot damals Deutschlands einzige Alternative zum Borgward-Hansa Diesel, ein 1800-ccm-Aggregat, das vorzugsweise in einem Anderthalbtonner-Lkw seinen Dienst tat, bis 1954 aber in nur 3226 Personenwagen zum Einbau kam. Der Borgward-Diesel 1800 kostete 10 450 Mark, als Zweitürer 500 Mark weniger. Er war bei weitem nicht so gut absetzbar wie sein Konkurrent aus Untertürkheim, was sich auch nicht änderte, als Borgward im September 1953 die Preise senkte. Daimler-Benz blieb im Dieselgeschäft führend.

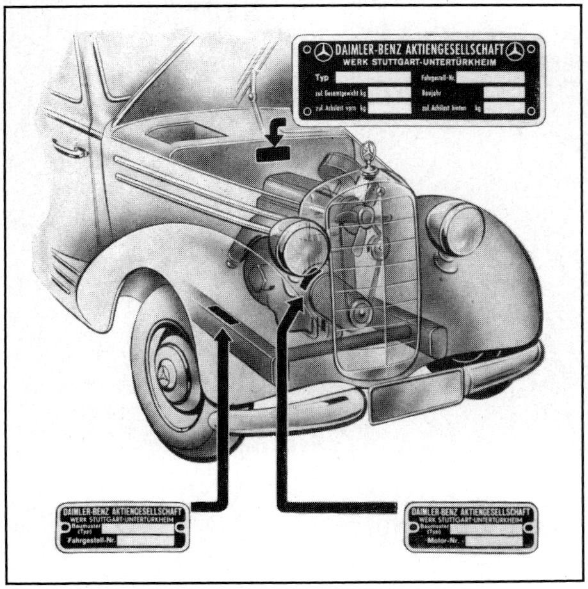

Hier befinden sich beim Mercedes 170 DS das Typenschild sowie die Motor- und die Fahrgestellnummer.

Modell	Mercedes-Benz 170 DS (W 191)
Produktionszeit	Januar 1952 – August 1953
Motor	Reihen-Vierzylinder Diesel OM 636 VI
Bohrung/Hub/ccm	75 × 100, 1767 ccm
Verdichtung	19:1
Leistung	40 PS bei 3200 U/min
Ventile, Steuerung	ohv, 1 seitl. Nockenwelle
Schmierung	Druckumlauf
Kühlung	Wasser, Pumpe
Einspritzung	Bosch-Pumpe, Vorkammer-Verf.
Elektrik	2 × 6 (12) Volt 75 Ah (Batterien unter der Motorhaube)
Kupplung	Einscheiben-Trockenkupplung
Getriebe	4-Gang, Lenkradschaltung
Lenkung	Schnecke
Fußbremse	hydr., Trommel/Vierrad
Handbremse	mech., Hinterräder
Chassis	Ovalrohr-X-Rahmen
Radstand, Spur v/h	2845, 1315/1435 mm
Gesamtabmessungen	4455 × 1684 × 1610 mm
Bereifung	5.50 – 16
Tankinhalt	47 Liter
Leergewicht	1275 kg
Höchstgeschwindigkeit	105 km/h
Stückzahlen	12 985
Preis	DM 10 985

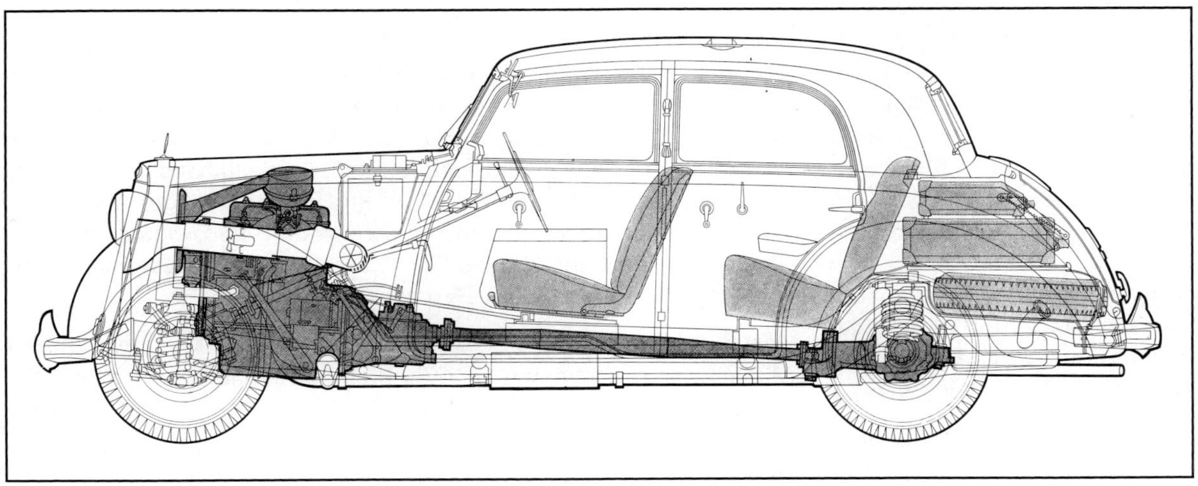

Eine Zeitlang liefen der 170 Sb und DS parallel, und äußerlich waren sie auch identisch. Beide wiesen im Unterschied zum Typ 170 S versenkte Scharniere an der Kofferraumklappe (vgl. Foto Seite 66) auf, und beide hatten Lenkradschaltung, wie das Foto oben links zeigt.

Weltrekord an Wirtschaftlichkeit –
der Diesel-Mercedes entwickelte sich zu einem wahren »Dauerbrenner«:

Mercedes-Benz 170 S-D

Noch bevor die Serie des Mercedes-Benz 170 DS im August 1953 auslief, baute man in Sindelfingen die ersten Wagen vom Typ 170 S-D. Wie der 170 S-V ursprünglich 170 Vc hieß, so trug dieser Wagen im Hause Daimler-Benz die Bezeichnung 170 Dc. Vorderachse und der 40-PS-Dieselmotor entstammten dem Vorgängermodell 170 Db, während Chassis, Fahrwerk, Getriebe und Lenkradschaltung sowie Hinterachse und Kraftstoffanlage (Tank im Heck) vom 170 DS übernommen wurden.
Die Werbung sprach von »Wirtschaftlichkeit im neuen Gewand« und »Weltrekord der Wirtschaftlichkeit«. Als Gebrauchs- und Reisewagen stellte der S-D tatsächlich ein Muster an Wirtschaftlichkeit und Anspruchslosigkeit dar, und äußerst komfortabel war er obendrein.

Auf Wunsch gab es den Wagen mit Liegesitzen (stufenlos verstellbar) und Kopfstützen sowie jenem Reserveradhalter, der schwenkbar auf der hinteren Stoßstange saß und den Kofferraum vergrößern half. In der Mitte des Armaturenbretts war Platz für ein Radio, und selbstverständlich konnte man den S-D auch mit einem Stoffschiebedach bekommen. Die Standardlackierungen, in denen der Wagen geliefert wurde, waren Mittelblau, Steingrau hell, Dunkeltabakbraun, Tundragrün und Schwarz. »Der Diesel ist im Unterhalt billiger als ein Fiat Topolino oder Lloyd« rechnete die Zeitschrift *auto, motor und sport* ihren Lesern vor und veröffentlichte Vergleichszahlen von Diesel- und Benzin-Ausführung dieses Mercedes-Wagens:

Mercedes-Benz 170 S-V	Mercedes-Benz 170 S-D	bei Laufzeit
42,07 Pfennig/Kilometer	39,10 Pfennig/Kilometer	10 000 km
25,96	22,23	30 000 km
22,73	18,86	50 000 km
20,92	17,41	70 000 km

Motor des Mercedes-Benz 170 S-D, ein Parallelmodell zum S-V – nur, daß dieser Wagen natürlich ein Dieselaggregat aufwies. Die zwei 6-Volt-Batterien hatten eine Kapazität von 84 Ah.

»Ein braves, zuverlässiges und bescheidenes Zweckfahrzeug« lautete der Kommentar zu dieser Rechnung. »Stets nur so viel Gas geben, daß der Wagen gleichmäßig im Rollen bleibt«, las sich die Fahrempfehlung in der Betriebsanleitung zum 170 S-D, »Nicht zu viel mit dem Gaspedal spielen. Nicht zu scharf in die Kurven gehen. Allzu schroffes Bremsen vermeiden, denn dies wie auch starkes Beschleunigen erhöht Kraftstoff- und Reifenverbrauch . . . Überlegen Sie, was Ihnen wichtiger ist: Die Einsparung von Reiseminuten oder die Einsparung von D-Mark!« So mancher Mercedes-Fahrer gewöhnte sich ohne Zweifel in jener Zeit einen Fahrstil an, den er später, auch wenn er temperamentvollere Modelle lenkte, so bald nicht wieder abzulegen vermochte. Der Mercedes 170 S-D (oder Dc) bot für seinen Preis von weniger als 10 000 Mark einen außerordentlich hohen Gegenwert. Der eine Zeitlang parallel zu ihm gebaute Mercedes 180 D kostete bei seiner Einführung rund 1000 Mark mehr.

Werksaufnahme des 1953er Mercedes-Benz 170 S-D (mit Vergasermotor: S-V). Zierleisten, Radkappen und der Klappwinker im Türmittelpfosten entsprachen dem 170 S; der S-D/S-V entbehrte in der Grundausstattung der verchromten Hörner auf den einfachen Stoßstangen.

Modell	Mercedes-Benz 170 S-D (W 136 VIII)
Produktionszeit	Juli 1953 – September 1955
Motor	Reihen-Vierzylinder Diesel OM 636 VIII
Bohrung/Hub/ccm	75 × 100, 1767 ccm
Verdichtung	19:1
Leistung	40 PS bei 3200 U/min
Ventile, Steuerung	ohv, 1 seitl. Nockenwelle
Schmierung	Druckumlauf
Kühlung	Wasser, Pumpe
Einspritzung	Bosch-Pumpe, Vorkammer-Verf.
Elektrik	2 × 6 (12) Volt 84 Ah
Kupplung	Einscheiben-Trockenkupplung
Getriebe	4-Gang, Lenkradschaltung
Lenkung	Schnecke
Fußbremse	hydr., Trommel/Vierrad
Handbremse	mech., Hinterräder
Chassis	Ovalrohr-X-Rahmen
Radstand, Spur v/h	2845, 1310/1435 mm
Gesamtabmessungen	4450 × 1685 × 1590 mm
Bereifung	5.50 – 16
Tankinhalt	47 Liter
Leergewicht	1280 kg
Höchstgeschwindigkeit	105 km/h
Stückzahlen	14 887
Preis	DM 9350

Der für Polizeibehörden gebaute Mercedes fand später auch bei Privatleuten großen Anklang:

Mercedes-Benz 170 Da OTP

Behördenausführungen von Serienfahrzeugen des Typs 170 gab es seit jeher. Polizei- und Zolldienststellen, später der Bundesgrenzschutz und vor 1945 die Wehrmacht, bestellten offene Kübelsitz- oder Tourenwagen, die in den meisten Fällen im Sindelfinger Werk, später auch bei auswärtigen Herstellern karossiert wurden. Am bekanntesten wurde der 170 Da OTP, wobei die Buchstaben-Kombination für »Offener Tourenwagen Polizei« stand. Wie der serienmäßige Typ Da, verfügten diese Fahrzeuge über einen Motor der 40-PS-Ausführung.
Den »Offenen Tourenwagen«, wie es ihn in ähnlicher Ausführung auch schon beim 170 V der Vorkriegszeit gegeben hatte, verkaufte Daimler-Benz 1950/51 für 10 650 Mark. Den relativ hohen Preis rechtfertigte die kleine Serie im Verhältnis zur Großserien-Limousine. Zur Ausstattung des OTP gehörten seitliche Steckscheiben; das Klappverdeck war recht einfacher Natur, und eine stärker ausgelegte Lichtmaschine sorgte für zusätzlichen »Saft«, falls dieser zum Betrieb eines Funksprechgerätes erforderlich war.
OTP-Versionen gab es auch vom 170 S, sogar achtsitzig, und 41 solcher Fahrzeuge wurden, soweit bekannt, auch auf der Basis der Mercedes-Benz 220 gebaut.
Noch bevor im Sommer 1947 die ersten Hundertsiebziger-Limousinen wieder vom Band liefen, war eine beträchtliche Anzahl Fahrzeuge als Pritschen- und Kastenwagen (Ambulanzen) an Polizeiverwaltungen

Foto oben: Mercedes-Benz 170 Da OTP in Serienausführung von 1950. Hinter den Vordersitzen verlief eine Griffstange.

Rechts: Zeichnung eines 170 OTP in der Ausführung als Db-Modell. Deutlich sind die Längsschlitze in der Motorhaube erkennbar. Der Wagen wurde allerdings stets mit der älteren Motorhaube ausgeliefert.

Oben: Weißwandreifen und nachträglich verchromte Teile nehmen diesem OTP (in Zivilbesitz) etwas von seiner militärischen Strenge.

In nur ganz wenigen Exemplaren gab es auch einen OTP auf Basis des Mercedes-Benz 220, so für die Niedersächsische Polizei in Hannover. Auch in Trier wurden OTP vom Typ 220 eingesetzt.

Modell	Mercedes-Benz Da OTP (W 136 VII)
Produktionszeit	Mai 1950 – April 1952
Motor	Reihen-Vierzylinder Diesel OM 636 VI
Bohrung/Hub/ccm	75 × 100, 1767 ccm
Verdichtung	19:1
Leistung	40 PS bei 3600 U/min
Ventile, Steuerung	ohv, 1 seitl. Nockenwelle
Schmierung	Druckumlauf
Kühlung	Wasser, Pumpe
Einspritzung	Bosch-Pumpe, Vorkammer-Verf.
Elektrik	2 × 6 (12) Volt 75 Ah
Kupplung	Einscheiben-Trockenkupplung
Getriebe	4-Gang, Stockschaltung
Lenkung	Schnecke/ZF
Fußbremse	hydr., Trommel/Vierrad
Handbremse	mech., Hinterräder
Chassis	Ovalrohr-X-Rahmen
Radstand, Spur v/h	2845, 1310/1342 mm
Gesamtabmessungen	4350 × 1620 × 2030 mm
Bereifung	6.50 – 16
Tankinhalt	37 Liter
Leergewicht	1165 kg
Modell	Mercedes-Benz 170 S-D (W 136 VIII)
Produktionszeit	Juli 1953 – September 1955 (530 Stück)

Obwohl in der Auslegung des Fahrwerks dem 170 Db/Vb entsprechend, erhielt der OTP die Motorhaube mit den 28 Schrägkiemen. Und wie beim Vorkriegs-Tourenwagen, ließ sich die Windschutzscheibe nach vorn umlegen.

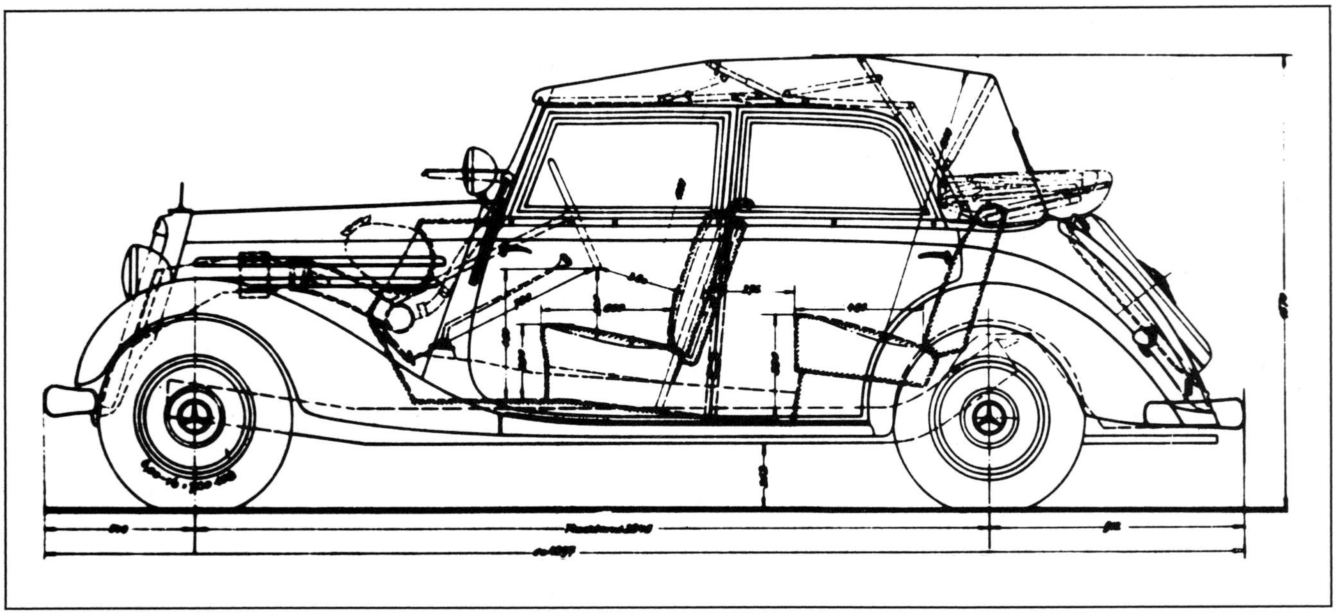

Links: Karosseriezeichnung des 170 OTP. Auch hier ist eine Db-Motorhaube angedeutet; in allen anderen Einzelheiten entspricht die Zeichnung dem Da-Modell.

geliefert worden; die »Streifenwagen« waren meist mit Holzpritschen in Längsrichtung versehen oder mit vier Kübelsitzen. Diese Wagen entbehrten der Trittbretter, während die Behördenausführungen des 170 S, offen wie geschlossen, sie hatten. Die offenen Viertürer – auch den erwähnten 220, wie er in Hannover und Trier eingesetzt wurde – verkaufte Daimler-Benz nicht an Privatkunden. Wer einen dieser Einsatz- bzw. Funkstreifenwagen dennoch zu erwerben trachtete, mußte abwarten, bis solche Fahrzeuge von den Polizeibehörden ausgemustert und versteigert wurden, nur auf diesem Wege sind später einige Exemplare in die Hände von Liebhabern gelangt. Noch in den sechziger Jahren wurden solche ausgedienten OPT-Wagen – viele hatten keine 100 000 Kilometer auf dem Tacho – für wenige hundert Mark abgestoßen. Heute ist jedes dieser Fahrzeuge eine besondere Rarität und ebenso gefragt wie die offenen Tourer der Vorkriegszeit.

Oben links ein OTP mit geschlossenem Verdeck und eingesetzten Steckscheiben. Auch der Bundesgrenzschutz erhielt 1952/53 einige dieser Fahrzeuge. Links: Blick von oben in einen OTP. Aus Stabilitätsgründen war die Halterung der Rückenlehne in Form eines Stahlrohrrahmens der vorderen Sitzbank ein festes Bauteil der Karosserie.

Oben ein 170 S als achtsitziger Mannschaftswagen – letzte Neufassung einer Fahrzeuggattung, die in den zwanziger Jahren aufgekommen war. In dieser Ausführung wurden nur sehr wenige 170 karossiert.

**Endlich wieder ein Sechszylinder –
Daimler-Benz knüpfte an alte Traditionen an:**

Mercedes-Benz 220

Daß es im Daimler-Benz-Programm der Nachkriegszeit nicht allzu lange nur bei einem Vierzylinder-Modell bleiben würde, stand zu erwarten. So überraschte es nicht, daß auf der Frankfurter Automobil-Ausstellung im April des Jahres 1951 eine Sechszylinder-Version des 170er zu sehen war, der Mercedes-Benz 220. Er war auf der gleichen konstruktiven Basis wie der Vierzylinder entstanden und teilte sich mit diesem alle stilistischen Hauptmerkmale. Nur die Frontscheinwerfer verliehen dem Wagen ein gänzlich neues Gesicht: Sie waren in die Kotflügel einbezogen worden, standen nicht mehr frei neben dem Kühler. Versuchsfahrzeuge hatten diese Anordnung schon vor dem Kriege erhalten; auch die dreißig VW-Vorläufer vom Typ V 60, die bei Daimler-Benz gefertigt worden waren, wiesen diese Anordnung auf. Natürlich mußten die Kotflügel hierfür beim 220 steiler und fülliger ausgearbeitet werden – die Entwicklung ging zur Ponton-Fassade.

Auch das Fahrwerk entsprach im großen und ganzen dem des 170 S. Verbesserungen hatten die Bremsen erfahren; sie wiesen jetzt vorn je zwei auflaufende Backen auf und hatten je zwei Zylinder. Nur bei der Handbremse wünschten sich Autotester, die im Herbst 1951 einen neuen 220 probefuhren, »eine etwas bessere Wirkung«. Um so größer fiel ihr Lob bezüglich des Motors aus: »Ein Meilenstein . . . Ein Beitrag zum Fortschritt im Automobilbau der Welt! Einmal mehr zeigt sich der praktische Nutzen aus Rennerfahrungen«, stand in *auto, motor und sport* zu lesen.

Als interessante Details vermerkte man die obenliegende Nockenwelle mit Doppelrollenkette, den im Wassermantel eingebetteten Wärmetauscher, die thermostatisch geregelte Saugrohrheizung, die automatische Zündzeitpunkt-Verstellung und den von Hand zu betätigenden Oktanzahlkompensator, um unterschiedlichen Treibstoff-Qualitäten

Links: Der Mercedes 220 im Hafen von Nizza, 1951. Bei dem Wagen auf der gegenüberliegenden Seite handelt es sich um dasselbe Fahrzeug.

Die gelungene Frontpartie des 220 mit seinen eingebauten Scheinwerfern. Kopfstützen für die vorderen Rückenlehnen (unten) gab es für den Mercedes 220 gegen entsprechenden Aufpreis.

Modell	Mercedes-Benz 220 (W 187)
Produktionszeit	Juli 1951 – August 1955
Motor	Reihen-Sechszylinder M 180
Bohrung/Hub/ccm	80 × 72,8, 2195 ccm
Verdichtung	6,5:1
Leistung	80 PS bei 4850 U/min
Ventile, Steuerung	hängend, 1 ohc
Schmierung	Druckumlauf
Vergaser	1 Doppel-Fallstrom Solex 30 PAAJ
Elektrik	6 Volt 75 Ah
Kupplung	Einscheiben-Trockenkupplung
Getriebe	4-Gang, Lenkradschaltung
Lenkung	Schnecke
Fußbremse	hydr., Trommel/Vierrad
Handbremse	mech., Hinterräder
Chassis	Ovalrohr-X-Rahmen
Radstand, Spur v/h	2845, 1315/1435 mm
Gesamtabmessungen	4507 × 1685 × 1610 mm
Bereifung	6.40 – 15
Tankinhalt	65 Liter (erste Serie: 47 Liter)
Leergewicht	Lim. 1350, Cabrio 1440 kg
Höchstgeschwindigkeit	140 km/h
Stückzahlen	Lim. 16 154, Cabrio/Coupé 2360
Preise	Limousine DM 11 925 Cabrio A DM 18 860 Cabrio B DM 15 160 Coupé DM 20 850

Von besonderem Reiz war der 220 als zweisitziges Coupé; diese Ausführung gab es nur 1954/55. Der Wagen kostete 22 850 Mark. Das Dach war kein abnehmbares Hardtop, sondern fester Bestandteil der Karosserie.

entsprechen zu können. Dies war im Grunde eine manuelle Zündzeitpunkt-Verstellung. »Es ist beim Mercedes 220 das erstemal gelungen«, hieß es weiter, »eine überdurchschnittliche Fahrsicherheit, ein sportwagenmäßiges Temperament sowie den Komfort und die solide Gediegenheit eines Luxuswagens in einem trotz allem verhältnismäßig wirtschaftlichen Gebrauchsfahrzeug zu vereinen.«

Der Sechszylinder-Vergasermotor des 220 hatte die Dimensionen 80 × 72,8 mm, war also unterquadratisch und holte aus seinen 2195 ccm 80 PS bei 4850 U/min heraus. Die Verdichtung betrug 6,5:1. Das Getriebe war vollsynchronisiert und wurde durch einen Hebel an der Lenksäule geschaltet. Die Spitzengeschwindigkeit der Limousine gab das Werk mit 140 km/h an. Die Elastizität des Sechszylindermotors wurde allgemein gelobt – bis 30 km/h hinunter konnte man ruckfrei im vierten Gang bleiben.

Der 220 wartete mit einem Lenkradschloß auf, die Heckscheibe hatte eine verchromte Einfassung und der Chokeknopf ein weißes Kontrolllicht. Was sich die Kritiker noch wünschten, war ein verschließbarer Tankdeckel.

Die Laufruhe des ohc-Motors war beispielhaft. Dazu trugen nicht zuletzt die Kurbelwellen-Schwingungsdämpfer bei; die Kurbelwelle war vierfach gelagert. Auf ein PS kamen 16,5 kg bei der Limousine – das Leistungsgewicht betrug beim Typ 170 S vergleichsweise

Oben links: Auch für den 220 gab es einen speziellen Koffersatz zu kaufen, sowohl für die Limousine als auch für das Coupé bzw. Cabriolet.

Mercedes-Benz 220 in der Ausführung als Cabriolet A. Hinter den Vordersitzen gab es einen Not- oder Kindersitz in Form einer schmalen Bank.

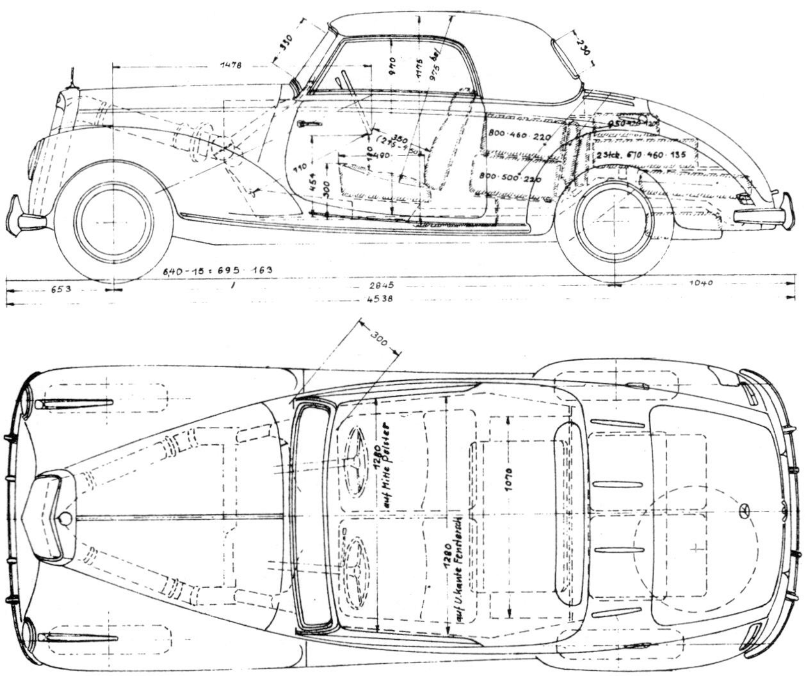

Aufriß und Seitenriß des 220 Coupés. Deutlich wird die gute Gepäckunterbringungsmöglichkeit im Fond und Kofferraum.

22,9 kg/PS. In 21 Sekunden kam man von Null auf 100 km/h (170 S: 32 Sekunden).

Man konnte den Mercedes 220 auch als Cabriolet A und Cabriolet B erhalten. Beides waren klassische Mercedes-Aufbauten – das B-Modell war ein Viersitzer mit vier Fenstern (aber nur zwei Türen), das A-Modell ein echter Sportzweisitzer mit Notsitz im schmalen Fond. Die Limousine lief vom Juli 1951 bis Mai 1954 vom Band, ebenso das Cabriolet B, während das A-Cabrio noch bis zum August 1955 gefertigt wurde. 1954/55 gab es schließlich noch ein 220 Coupé, wahlweise mit Stahlschiebedach. Das Grundmodell des Mercedes 220 kostete 11 925 Mark, ein Preis, der sich während der ganzen Bauzeit des 220 nicht änderte. Das Cabriolet A war mit 18 860 Mark vergleichsweise teuer, das B-Modell kostete nur 15 160 Mark. Die Exklusivität des Coupés bezahlte man mit 20 850 Mark, das Schiebedach wurde mit zusätzlichen 1150 Mark berechnet.

Die Nachfrage nach dem neuen Mercedes konnte – erwartungsgemäß – mit der Produktionskapazität bei Daimler-Benz kaum in Einklang gebracht werden. Im August 1951 liefen nur 164 Exemplare vom Band,

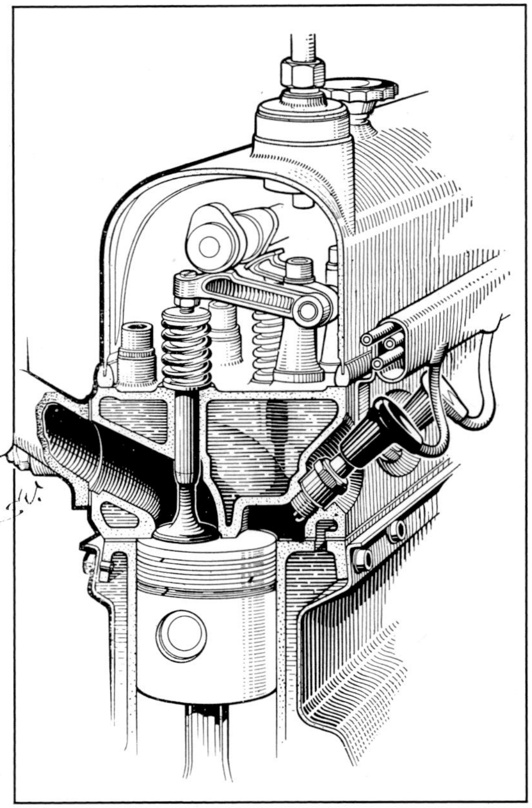

Links: Ein 220 und ein 170 S im Besitz holländischer Sammler, aufgenommen anläßlich eines Veteranentreffens. Rechts: Schnitt durch den Zylinderkopf des 220 mit der Anordnung und Steuerung der Ventile durch die obenliegende Nockenwelle.

Unten links: Eines der seltenen Mercedes 220 Coupés, Baujahr 1954 (vgl. Farbfoto auf Seite 129).

im September waren es 541, im Oktober 800. Noch dominierten die 170er, die in den erwähnten Vergleichsmonaten in 2740, 2459 und 2252 Einheiten gebaut wurden.

Den Kraftstoff-Normverbrauch, ermittelt bei zwei Drittel der Höchstgeschwindigkeit (also etwa 95 km/h) mit einem Zuschlag von zehn Prozent, gab das Werk im Katalog mit 10,9 Liter auf 100 Kilometer Fahrstrecke an. Die Redakteure von *auto, motor und sport* bewegten ihren Testwagen acht Tage lang über insgesamt 1330 Kilometer und kamen, ohne den Wagen indes sonderlich zu schonen, auf 15,5 Liter, »bei Ausnutzung des Höchsttempos« auf 19 Liter. Den 47-Liter-Tank empfanden sie dabei als etwas zu klein geraten, denn er begrenzte ihrer Erfahrung nach den Aktionsradius des Wagens auf rund 300 Kilometer. Sie konzedierten dem Sechszylinder aber die Eigenschaften eines hervorragenden Reisewagens, was auch ihre Kollegen von der Zeitschrift *Auto-Touring* nur bestätigen konnten. Sie bezeichneten den 220 als »temperamentvollsten und schnellsten Serienwagen der Welt mit unübertroffener Straßenlage und Fahrsicherheit«. Noch kannten sie den Mercedes 300 SL nicht.

Und immer wieder äußerte man sich anerkennend über die Laufruhe des Motors. »Auch bei einer Geschwindigkeit von 100 km/h ist es für Mitfahrer kaum merkbar, wenn der Fahrer vom vierten in den dritten Gang zurückschaltet. Hier wirkt sich die ›Zwangssynchronisierung‹ aus. Wenn man dieses Getriebe betätigt, fragt man sich, wozu halb- oder ganzautomatische Getriebe notwendig sein sollen, die entweder einen schlechten Wirkungsgrad (Flüssigkeitsaggregate) haben oder kompliziert im Aufbau sind.« In der Tat ließ sich der 220 butterweich schalten. Gelobt wurde auch die Leichtgängigkeit der Lenkung bei guter Stoßfreiheit und gutem Kontakt mit der Fahrbahn. Die Schneckenlenkung war mit 13,9:1 untersetzt, von Anschlag zu Anschlag benötigte man zwei dreiviertel Lenkradumdrehungen, wie beim 170 S.

Auch der Wendekreis von 12 Meter Durchmesser entsprach dem der 170er Modelle.

Mit den Cabriolets auf Basis des 220 hatte Daimler-Benz wiederum attraktive, offene Wagen im Programm. Sie wurden in sorgfältiger Handarbeit gefertigt – was auch ihren relativ hohen Preis erklärte – und blieben stets Einzelstücke. Wurden von der 220er Limousine insgesamt 16 154 Stück gebaut, so verließen nur 2360 Cabriolets und Coupés die Sindelfingener Karosseriebau-Hallen. Einen Prototyp des 220 in Coupé-Ausführung hatte es übrigens schon Ende 1951 gegeben: Daimler-Benz-Chef Dr. Haspel hatte sich den Wagen bauen lassen.

Das Angebot an Sonderzubehör für den 220 war reichlich. Man konnte einen maßgeschneiderten Koffersatz bestellen, es gab aufsteckbare Kopfstützen, der »Innenlenker« (diese Bezeichnung für die Limousine benutzte man noch zuweilen) konnte mit einem Schiebedach ausgestattet werden. Mit einer Hand war es während der Fahrt zu öffnen und

Mercedes-Benz 220 auf einem Schenck-Bremsprüfstand; aufgenommen im Jahre 1950. Die offizielle Präsentation des 220 fand im April 1951 statt.

Oben: Ein gepflegter Mercedes 220 als A-Cabriolet mit Nebelscheinwerfern und Starktonhörnern.

Gegenüberliegende Seite: Mercedes 220 als B-Cabriolet, vier- bis fünfsitzig, aus dem Jahre 1951.

zu schließen. Das Reserverad, normalerweise im Kofferraum unterhalb des Gepäckbodens untergebracht, ließ sich mittels eines stabilen Bügels außen, dicht über der Wölbung des Heckdeckels, befestigen, wollte man den Innenraum für weiteres Gepäck nutzen – oder für ein zweites Ersatzrad, wie man es früher öfter mitführte.

Die Produktionszahlen des 220 nahmen nur geringfügig zu. Im letzten Quartal 1952 beispielsweise wurden 759 Wagen im Oktober, 593 im November, 432 im Dezember gebaut gegenüber dem noch immer stärker verbreiteten Vierzylinder mit 2668, 2479 beziehungsweise 2242 Einheiten. Im zweiten Halbjahr des gleichen Jahres waren 2936 220 neu zugelassen worden gegenüber 7737 Fahrzeugen vom Typ 170 (D und V-Modelle) – und 33 vom Typ 300. Zum Vergleich: Opel konnte 4119 Fahrzeuge vom Typ Kapitän als neu zugelassen registrieren, die Auto Union 7471 DKW-Meisterklasse, Borgward 2537 Hansa 1500. Vergleichsweise schwach war es noch um den Import ausländischer Fahrzeuge bestellt. In den zweiten sechs Monaten des Jahres 1952 kamen nur 57 Peugeot 203 herein, 20 Lancia Aurelia, ein einziger Rover, ein einziger Wolseley . . .

Im März 1954 wurde der Nachfolger des ersten Nachkriegs-Sechszylinders von Daimler-Benz vorgestellt, der Typ 220 a. In Fahrwerk und Aufbau entsprach er dem damals bereits eingeführten 180. Aber er war ein völlig anderes Auto als der »alte« 220, bei dessen Verschwinden viele Liebhaber klassischer Wagen die Ansicht äußerten, daß im Daimler-Automobilbau eine Epoche zu Ende gegangen sei. Aber da offerierten die Stuttgarter ja noch den herrlichen 300 S, den es immerhin noch bis 1958 gab. Ihm blieb es vorbehalten, die traditionelle Bauart des klassischen Mercedes noch eine Zeitlang fortzuführen.

Links: Liebevoll restaurierter Mercedes 220. Dieses A-Cabriolet ist mit einer Plakettenhalterung zwischen den Nebelscheinwerfern versehen. Den Suchscheinwerfer gab es als Sonderzubehör; Felgen und Radkappen sind allerdings von einem späteren Wagen, vermutlich einem 300 d.

Deutschland hatte wieder einen »Elitewagen« –
den Mercedes 300 als Superlativ der fünfziger Jahre:

Mercedes-Benz 300

Nicht nur der neue Mercedes-Benz 220 war eine Überraschung auf der Internationalen Automobil-Ausstellung in Frankfurt am Main, die im April 1951 stattfand, sondern auch das Modell 300, ein großer Reise- und Repräsentationswagen, mit welchem Daimler-Benz an seine Reputation früherer Zeiten anknüpfte. Im November erhielten die ersten Besteller ihre Fahrzeuge ausgeliefert.
Internationale Extraklasse – so lautete das Urteil aller, die sich eingehender mit dem neuen »Großen Mercedes« befaßten. Die ersten Exemplare, die Ende April 1951 bereits parat standen, stellten sozusagen eine Vorserie dar; sie wurden unbarmherzigen Prüfungen unterzogen und gaben Aufschluß über kleine Mängel, die bis zum Herbst abzustellen waren. Man mußte mit längeren Lieferzeiten rechnen, wenn man zu lange zögerte, einen Kaufvertrag abzuschließen. Vor allem gingen viele Bestellungen für den Mercedes 300 aus dem Ausland ein.

In vieler Hinsicht war der 300 eine Parallelentwicklung zum 220, und im Basisaufbau entstammte seine Konstruktion dem 170. Der X-förmige Ovalrohrrahmen entsprach dem des 170 V und des 230 der Vorkriegszeit. Seine Vorzüge waren die Verwindungsfestigkeit, sein leichtes Gewicht – und der nicht allzu hohe Bauaufwand. Selbstverständlich wartete der Mercedes-Benz 300 auch wieder mit vorderer Einzelradaufhängung an Schraubenfedern auf – »heute eine Normalbauart in aller Welt geworden«, wie die Zeitschrift *auto, motor und sport* richtig vermerkte. »Ebenso braucht man über die Pendelhinterachse mit je einer Haupt- und einer konzentrisch zugeordneten Zusatz-Schraubenfeder sowie schrägstehenden Teleskop-Stoßdämpfern kein Wort mehr zu verlieren!« Die Hohe Schule des Fahrwerkbaus zelebrierte man bei Daimler-Benz mit einer Souveränität, die nicht ohne Eindruck blieb – auch bei der Konkurrenz.

Links: Erste serienmäßige Ausführung der Limousine vom Typ 300, vorgestellt im Jahre 1951. Dieses Modell wurde auch als D-Cabriolet (vier Türen, sechssitzig) gebaut. Details an der Zeichnung (rechts) wurden erst bei der nächstfolgenden Serie realisiert.

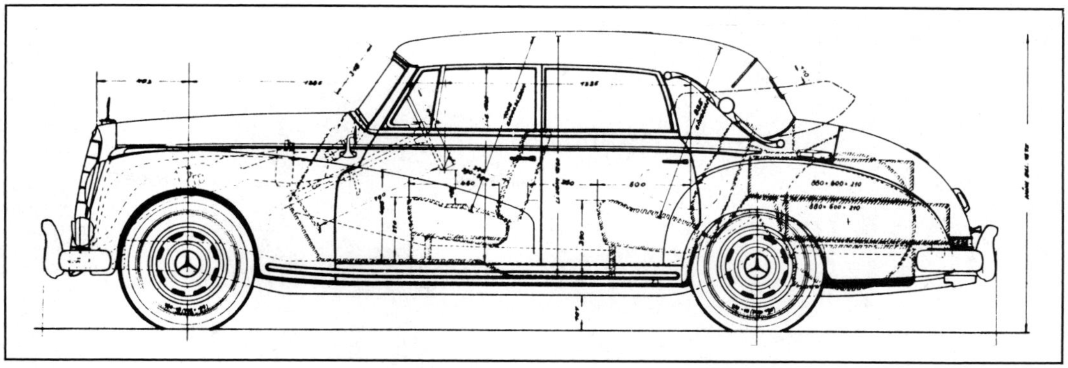

Neu war eine elektrisch zuschaltbare Zusatzfederung, eine Niveauregulierung zum Ausgleich unterschiedlich schwerer Belastungen, etwa bei Mitnahme schwerer Gepäckstücke. Mit 355 Kilogramm durfte man die Limousine beladen.

Das Sechszylinderaggregat des 300 – die Bezeichnung leitete sich wieder vom Hubraum ab (85 × 88 mm, 2996 ccm) – war ein echter Hochleistungsmotor, kurzhubig und zugleich von erstaunlicher Elastizität. Er leistete 115 PS bei 4600 U/min, sein Drehmoment lag bei 20 mkp/2500 Touren. Im Unterschied zum Sechszylinder-Reihenmotor des Mercedes-Benz 220 war die Kurbelwelle des 300 sieben- statt vierfach gelagert. Die hängenden Ventile dieses ohc-Motors hatte man etwas versetzt angeordnet, um größere Ventilquerschnitte zu ermöglichen. Die Kühlung des Schmieröls besorgte ein im Kühlwasserstrom befindlicher Wärmetauscher – hierdurch wurde für eine rasche Erwärmung des Öls bei Kaltstart gesorgt. Und wie beim 220 gab es am Armaturenbrett des 300 einen »Oktanselektor«, mit dem man die Anpassung der Vorzündungsspanne regulieren konnte, dem Oktangehalt des getankten Kraftstoffes entsprechend.

Weitere technische Besonderheiten waren zwei Fallstromvergaser (Solex 40 PBJC) und eine 12-Volt-Anlage. Das Vierganggetriebe (2,95; 2,13; 1,46; 1:1) wurde an der Lenksäule geschaltet. Und »selbstverständlich« (so schrieb die Presse) hatte man den 300 auch wieder mit einem Dreiweghahn für die Kraftstoffzufuhr ausgestattet.

Etwas verwirrend, so meinten erste Testfahrer, sei ihnen das Armaturenbrett mit seinen »vielen Knöpfen und Hebeln« erschienen. Und etwas groß fanden sie auch das Lenkrad mit seinen 44 Zentimeter Durchmesser. Erstmals wies es nur zwei Speichen auf.

Langstreckenfahrten im Mercedes-Benz 300 wurden als ausgesprochen ermüdungsfrei bezeichnet. Touren von mehr als 1000 Kilometer am Tag stellten keine Strapaze dar. Und wenn man auf der damals noch nicht so gedrängt vollen Autobahn sich nicht erwischen ließ und die 160 km/h voll ausfuhr, vermochte höchstens ein Porsche aufzuholen. Diese Tempi durfte man allerdings offiziell nur im Ausland auskosten; die alliierten Behörden hielten in Deutschland streng auf Geschwindigkeitslimits . . .

Modell	Mercedes-Benz 300 (W 186)
Produktionszeit	November 1951 – März 1954
Motor	Reihen-Sechszylinder M 186
Bohrung/Hub/ccm	85 × 88, 2996 ccm
Verdichtung	6,4:1
Leistung	115 PS bei 4600 U/min
Ventile, Steuerung	hängend, 1 ohc
Schmierung	Druckumlauf
Kühlung	Wasser, Pumpe
Vergaser	2 Fallstrom Solex 40 PBJC
Elektrik	12 Volt 50 Ah
Kupplung	Einscheiben-Trockenkupplung
Getriebe	4-Gang, Lenkradschaltung
Lenkung	Schnecke (ab 1952: Kugelumlauf)
Fußbremse	hydr., Trommel/Vierrad
Handbremse	mech., Hinterräder
Chassis	Ovalrohr-X-Rahmen
Radstand, Spur v/h	3050, 1480/1525 mm
Gesamtabmessungen	4950 × 1838 × 1600 mm
Bereifung	7.10 – 15 extra
Tankinhalt	72 Liter
Leergewicht	Lim. 1780 kg, Cabrio 1830 kg
Höchstgeschwindigkeit	160 km/h
Stückzahlen	ca. 5245
Preise	Limousine DM 19900 Cabrio D DM 23700

Zwei Styling-Studien zum Mercedes 300, einmal mit lang ausschweifenden Kotflügeln, einmal mit solchen vom Mercedes 170 S. Der obere Wagen hat neben den freistehenden Hauptscheinwerfern in die Kotflügel eingelassene Nebelleuchten.

Bei normaler Fahrweise verbrauchte der Mercedes-Benz 300 etwa 17 Liter auf 100 Kilometer, das ergab bei einer Tankfüllung von 72 Liter einen Aktionsradius von gut 420 Kilometer.
Wie sehr man auf einen Wagen dieser Größenordnung aus dem Hause Daimler-Benz gewartet hatte, zeigte das lebhafte Echo seitens der

Weltpresse. Immerhin gab es auch andere Sensationen im Automobiljahr 1951, etwa den neuen Sportwagen von Pegaso (gebaut in den ehemaligen Hispano-Suiza-Werken Barcelonas) oder den von der traditionsreichen Firma Bugatti vorgestellten ersten Nachkriegswagen vom Typ 101 – einer der Stars des Pariser Autosalons in jenem Jahr. Dennoch: Der Mercedes-Benz 300 wurde als »der deutsche Clou des Jahres« bezeichnet.
19 900 Mark kostete der Dreihunderter ab Werk, das entsprach dem Gegenwert von viereinhalb Volkswagen. Den Viertürer konnte man auch als Cabriolet (D-Version, sechsfenstrig) erhalten, 23 700 Mark teuer. Einen solchen Wagen testete im Frühjahr 1952 die österreichische Zeitschrift *Auto-Touring* und schrieb: »Das weit über dem Durchschnitt liegende, vielleicht sogar einzigartige Straßenverhalten ist in Anbetracht der erzielbaren Fahrleistungen auch durchaus notwendig. Der MB 300 ist nämlich ein äußerst schneller Wagen ...«
Autor Stefan v. Szénásy, Motorjournalist der alten Garde, hatte den Wagen zum 24-Stunden-Rennen nach Le Mans pilotiert und in Frankreich Landstraßenschnitte absolviert, die jedem Sportwagen zur Ehre gereicht hätten.
Die reichliche Ausstattung des Dreihunderters machte aus dem Wagen nicht nur ein äußerst komfortables Reisefahrzeug, sondern sie war auch auf Sicherheit konstruiert worden. Daß der Fahrer eines solchen Wagens unverletzt blieb, nachdem sich seine Limousine viermal überschlagen hatte (das verhängnisvolle Wendemanöver eines Lieferwagens auf der Autobahn bei Hannover war die Ursache dieses Unfalls im Frühjahr 1953 gewesen), sprach für die außergewöhnlich stabile Konstruktion des Wagenkörpers, für eine allen Eventualitäten gewachsene Fahrgastzelle – zu einer Zeit, als man weder Crashversuche kannte noch an Sicherheitsgurte dachte. Äußerst stabile Karosserien waren bei Daimler-Benz seit jeher gebaut worden.

Unten: Die aufwendige Hinterachskonstruktion des 300. Rechts das Arbeits-Schema der hinteren Zusatzfederung, die sich elektrisch zuschalten ließ, wenn der Wagen schwerer belastet wurde. Rechts oben das Interieur des 300.

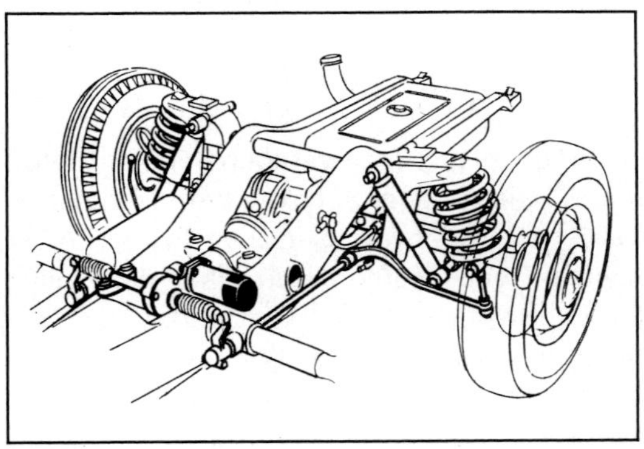

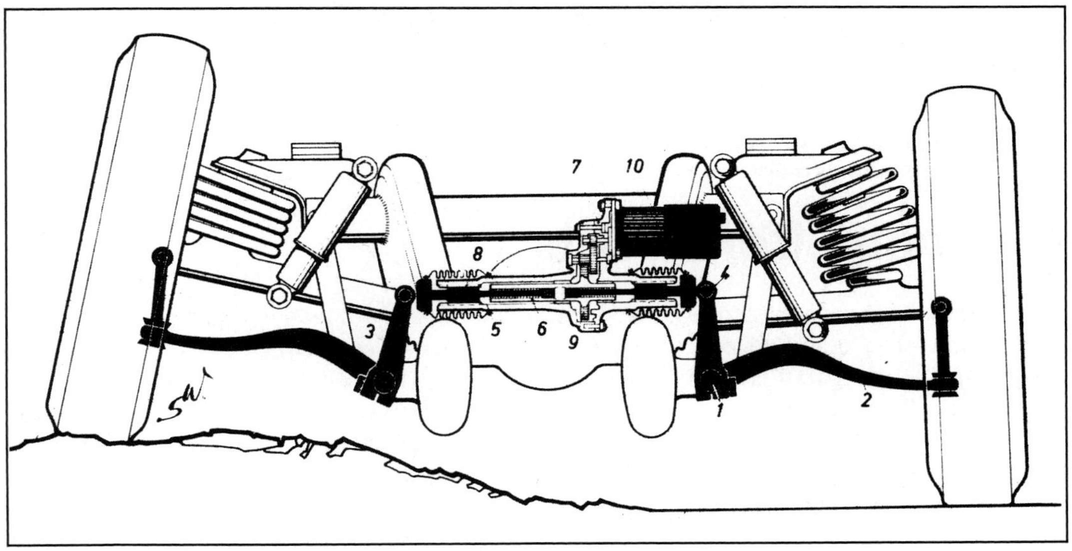

Ein großer, schwerer Reisewagen mit den Fahrleistungen eines Sportfahrzeuges:

Mercedes-Benz 300 b

Der Dreihunderter, im Werkscode W 186 genannt, wurde im März 1954 in einer überarbeiteten Version präsentiert. Der Sechszylindermotor gab bei 4500 U/min jetzt 125 PS ab, 10 PS mehr als vorher. Dies war in erster Linie eine Folge der angehobenen Verdichtung, die jetzt 7,5:1 betrug (im ersten 300: 6,4:1). Das entsprach 41,7 PS pro Liter Hubraum. »Fürwahr ein Sportmotor!« schrieb Automobiltester Werner Buck im Sommer 1954. Und das war der Sechszylinder eigentlich auch, denn eine leicht modifizierte Ausgabe dieser Maschine saß schließlich im 300 SL, der kurze Zeit später – ebenfalls im Jahre 1954 – als käufliches Superlativ-Coupé im Daimler-Programm erschien.
Zwischen 100 und 120 km/h verfügte der Motor über geradezu unglaubliche Kraftreserven. Nur die Qualität des Treibstoffs setzte da manchmal Grenzen, und Benzin von 80 bis 83 OZ führte das gefürchtete »Klingeln« herbei. Der Oktanregulator leistete da gute Dienste, und man tat gut daran achtzugeben, nur hochwertigen Superkraftstoff zu tanken – soweit verfügbar. Neu war aber auch die Vergaserbestükkung beim 300 b. Die zwei Solex-Stufenvergaser beim Typ 32 PAJAT sorgten für eine noch bessere Gemischaufbereitung bei gleichzeitig höherer Wirtschaftlichkeit – der Normverbrauch des 300 b betrug nur noch 12,5 Liter pro 100 Kilometer. In der Praxis bedeutete dies, daß man im Schnitt unter 16 Liter blieb. Das Einsetzen der zweiten Vergaserstufe war durch einen höheren Pedaldruck spürbar, der zu überwinden war, in der Ebene (im vierten Gang) etwa bei 140 km/h.
Die zehn Mehr-PS machten sich sowohl in der Beschleunigung (von 0 auf 100 jetzt in 17 Sekunden) als auch in der Spitze bemerkbar, wenngleich die 163 statt 160 km/h auch mehr theoretischer Natur waren. Als entscheidender wurde die Beschleunigung aus mittleren Fahrbereichen bewertet: Von 30 auf 60 km/h war man in 5,2 Sekunden, auf

Gegenüberliegende Seite: Mercedes-Benz 300b Baujahr 1954 als viertüriges Cabriolet D. Der Wagen kostete damals 24 700 Mark.

Rechts: Die Zeichnung macht deutlich, daß besonders die Fondpassagiere großzügig untergebracht waren. Im Heck ließen sich zwei Reserveräder unterbringen.

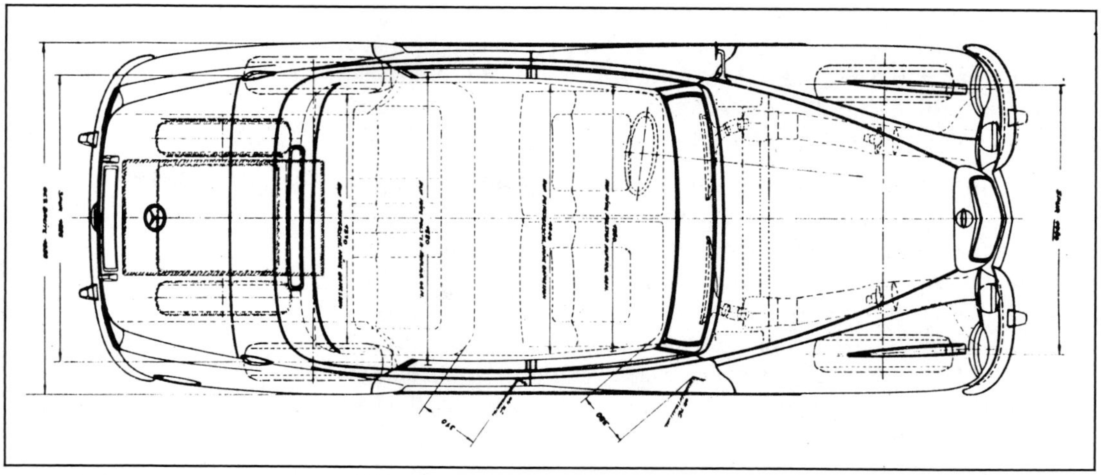

80 km/h in 8,3 Sekunden. Ebenso beachtlich war das Bergsteigvermögen des 300 b. Im ersten Gang, so lautete die Werksangabe (und die untertrieb aus Sicherheitsgründen stets ein wenig), schaffte der 300 b 54 Prozent, 32,5 Prozent im zweiten Gang, 19 Prozent im dritten Gang, 11 Prozent im vierten Gang. Das verdeutlichte die Elastizität des Motors, den man sogar noch aus 20 km/h Bummeltempo im vierten Gang ruckfrei auf Höchstgeschwindigkeit beschleunigen konnte. Ohne Frage eine Sache des Drehmoments, das bei 2600 Touren rund 23 mkp betrug, und sowohl bei 1300 als auch noch bei 4400 Touren sank es nicht unter 20 mkp.

Nicht kritiklos beurteilte man 1951 die Bremsanlage des Dreihunderters. Doch 1954 sah das schon ganz anders aus. Der 300 b hatte eine Unterdruck-Servobremse bekommen, zudem hatte man die Bremsflächen vergrößert (insgesamt jetzt 1470 cm^2 gegenüber 1270 cm^2 beim Vorgängermodell). Als Verzögerungswert ermittelte *auto, motor und sport* beim 300 b 8 m/sec^2 und stellte auch nach längeren Paßfahrten »praktisch kein Fading« fest. Auch andere Tester bescheinigten dem 300 b ausgezeichnetes Bremsverhalten.

Große Anerkennung fand immer wieder das komfortable Interieur des Wagens. Ellenbogen-, Sitz- und Kopffreiheit waren überdurchschnittlich dimensioniert. Persönlichkeiten der Regierung und andere Herrschaften, die mit dem Homburg auf dem Kopf ein- und auszusteigen pflegten, kamen mit der Wagenhöhe gewiß nicht in Konflikt. Die Polsterung mit ihren Armstützen und äußerst bequem gestalteten Sitz- und Rückenflächen durfte als üppig bezeichnet werden, und die seinerzeit noch üblichen Haltegurte am rückwärtigen Teil der vorderen Sitzlehnen waren in ebenso liebevoller Handarbeit gefertigt wie die Taschen in den Türen mit ihrem Klappverschluß. Der 300 b kostete auch eine Kleinigkeit mehr als der erste 300, nämlich 22 000 Mark.

Modell	Mercedes-Benz 300 b (W 186 II/III)
Produktionszeit	März 1954 – August 1955
Motor	Reihen-Sechszylinder M 186
Bohrung/Hub/ccm	85 × 88, 2996 ccm
Verdichtung	7,4:1
Leistung	125 PS bei 4500 U/min
Ventile, Steuerung	hängend, 1 ohc
Schmierung	Druckumlauf
Kühlung	Wasser, Pumpe
Vergaser	2 Reg.-Fallstrom Solex 32 PAITA
Elektrik	12 Volt 70 Ah
Kupplung	Einscheiben-Trockenkupplung
Getriebe	4-Gang, Lenkradschaltung
Lenkung	Kugelumlauf
Fußbremse	hydr., Trommel/Vierrad
Handbremse	mech., Hinterräder
Chassis	Ovalrohr-X-Rahmen
Radstand, Spur v/h	3050, 1480/1525 mm
Gesamtabmessungen	5065 × 1838 × 1640 mm
Bereifung	7.10 – 15 extra
Tankinhalt	72 Liter
Leergewicht	Lim. 1780 kg, Cabrio 1830 kg
Höchstgeschwindigkeit	163 km/h
Stückzahlen	ca. 1560
Preise	Limousine DM 22 000 Cabrio D DM 24 700

Auch ein D-Cabriolet gab es wieder, gegen 2700 Mark Aufpreis. Es übertraf in seiner Ausstattung (viel Leder!) noch die Limousine, war allerdings auch um 50 Kilogramm schwerer. Allein das Verdeckgestänge mit seiner komplexen Mechanik, ein Musterstück an Perfektion, trug hierzu nicht unerheblich bei.

Barock gab sich nach wie vor das Armaturenbrett des Mercedes-Benz 300 b, von Werner Buck mit einer »Wurlitzer Orgel« verglichen. Hier ließen sich folgende Funktionen vornehmen: Das Einschalten der Innenbeleuchtung und der Hauptscheinwerfer, die Umschaltung von Zwei- auf Dreiklanghorn, die Oktanzahlregulierung, die Einschaltung der hinteren Zusatzfederung. Scheibenwischerschalter, Anlasserknopf, Zündlicht, Fernlichtkontrolle, Zugknöpfe für Klimaanlage und Scheibendefroster, Verriegelung der Motorhaube, Brennstoffschalter, der Knopf für die Zentralschmierung (die es wie beim 170 und 220

Rechts: Volant des Mercedes 300 b – etwas barock, im Stil jener Jahre.

Bundeskanzler Konrad Adenauer auf Wahlreise im August 1957; sein Wagen ist ein 300 b von 1955.

Immer wieder beeindruckend: Das maßangefertigte Spezialgepäck für Mercedes-Kunden. Selbstverständlich gab es auch für sämtliche Modelle der Serie 300 solche paßgerecht angefertigten Koffer.

auch beim 300 gab) und eine dazugehörige Kontroll-Lampe vervollständigten das Instrumentarium. Als Hauptgerät war vor dem Lenkrad das Tachometer plaziert, rechts und links daneben in waagrechter Anordnung saßen Öldruckmesser, Fernthermometer für das Kühlwasser, Benzinuhr und Ampèremeter. In der Mitte des Armaturenbretts saß oben, dicht unterhalb der Scheibe, eine ebenfalls rechteckig geformte Zeituhr, darunter war Platz für den Einbau eines Radios. An der Unterkante des Armaturenbretts saßen die Regulierhebel für Warm- und Frischluft. Die Blinker betätigte man traditionsgemäß mit dem verstellbaren Hupenring auf dem Lenkrad. Was man beim 300 b lediglich noch vermißte, war die in den fünfziger Jahren aufkommende Lichthupe.

Der über fünf Meter lange und fast zwei Meter breite Wagen ließ sich wesentlich besser fahren und manövrieren, als man dies auf den ersten Blick vermutete. Nicht nur die leichtgängige Lenkung hatte hieran ihren Anteil, sondern auch die hohe Sitzposition, verbunden mit einer ausgezeichneten Rundumsicht. Zwar hatte der 300 b noch nicht das breite Rückfenster, das erst 1955 aufkam, dennoch war durch die schmalen Pfosten eine großzügige Verglasung gegeben.

Der 300 b wurde von März 1954 bis August 1955 gebaut. Gemeinsam mit der ersten, 1951 herausgekommenen Version brachten es beide Modelle (186 II/III) auf 6214 Limousinen sowie 591 Cabriolets, womit sich eine durchschnittliche Monatsproduktion von 140 bis 142 Stück ergab oder fünf bis sechs pro Arbeitstag, eine Zahl, die den exklusiven Charakter des Dreihunderters deutlich macht. Der Wagen war alles andere als ein Großserienmodell, und seine hochwertige Verarbeitung läßt die Schlußfolgerung zu, daß Daimler-Benz selbst bei Preisen von 22 000 bzw. 24 700 Mark beim Dreihunderter draufzahlte . . .

**Der Dreihunderter in seiner Neuauflage –
eine Symbiose von Komfort, Eleganz und Prestige:**

Mercedes-Benz 300c

Im September 1955 zeigte Daimler-Benz auf der Internationalen Automobil-Ausstellung einen neuen Dreihunderter. Dies war der 300c (W 186 IV), der sich nicht allein durch seine größere Heckscheibe vom 300/300b unterschied, sondern auch durch die neue Eingelenk-Pendelachse. Die doppelten Schraubenfedern und die zuschaltbare Drehstabfeder hatte man beibehalten, ebenso alle anderen wesentlichen Bauelemente des Vorgängermodells.
Doch konnte man den 300 jetzt erstmals mit Getriebeautomatik kaufen. Für 1500 Mark Aufpreis bekam man eine Anlage mit hydraulischem Drehmomentwandler und Dreigang-Planetengetriebe, Lizenz Borg-Warner (Untersetzungen: 2,303; 1,435; 1:1). Der Wählhebel für die Automatik befand sich unter dem Lenkrad, eine Anzeige auf der Lenksäule informierte den Fahrer über die eingelegte Fahrstufe. In der Endgeschwindigkeit nahm die Automatik 5 km/h von der Spitze weg; zum Ausgleich die Hinterachsübersetzung zu ändern, wurde als nicht notwendig erachtet.
Geändert hatte man beim 300c aber auch die Reifendimension. Sie betrug jetzt 7.60 S-15. Und das Fahrzeug war wieder einmal etwas schwerer geworden, es brachte als Limousine nunmehr 1860 kg auf die Waage, 1910 kg als Cabriolet D. Von dieser Version wurden bis zum Juni 1956 übrigens nur 51 Stück gefertigt, womit der 300c in seiner offenen Karosserieausführung zum seltensten Cabriolet der Marke Mercedes-Benz (seit Aufnahme der Nachkriegsproduktion) wurde. Dem Vernehmen nach sollen aber noch Einzelexemplare auf Bestellung bis Frühjahr 1957 erstellt worden sein. Die Laufzeit des serienmäßig hergestellten 300c ging bis Ende Juli 1957. Von der Limousine wurden 1432 Stück gebaut.
Wem der 300 so, wie er ab Werk zur Auslieferung kam, noch nicht

Links: Mercedes-Benz 300c, gebaut von September 1955 bis Juli 1957. Die Limousine wurde in 1432 Exemplaren hergestellt. Rechts: Der indische Ministerpräsident Pandit Nehru besuchte im Juli 1956 die Bundesrepublik. Im offenen Dreihunderter holte man den Staatsgast vom Flughafen ab.

Rechts: In nur 51 Exemplaren baute man den 300c auch als viertüriges Cabriolet, Typ D genannt. Es handelte sich um ein Repräsentationsfahrzeug, das im deutschen Automobilangebot keine Parallele hatte.

Ganz oben eine Limousine vom Typ 300c, Baujahr 1956. Darunter eine Werkszeichnung des Cabriolets D in Vorder- und Hinteransicht. Die klassischen Mercedes-Cabriolet-Versionen A und B hat es bei diesen Dreihundertern nicht gegeben.

Modell	Mercedes-Benz 300 c (W 186 IV)
Produktionszeit	September 1955 – Juli 1957
Motor	Reihen-Sechszylinder M 186
Bohrung/Hub/ccm	85 × 88, 2996 ccm
Verdichtung	7,4:1
Leistung	125 PS bei 4500 U/min
Ventile, Steuerung	hängend, 1 ohc
Schmierung	Druckumlauf
Kühlung	Wasser, Pumpe
Vergaser	2 Reg.-Fallstrom Solex 32 PAIJAT
Elektrik	12 Volt 70 Ah
Kupplung	Einscheiben-Trockenkupplung
Getriebe	4-Gang, Lenkradschaltung
Lenkung	Kugelumlauf
Fußbremse	hydr. (Servo), Trommel/Vierrad
Handbremse	mech., Hinterräder
Chassis	Ovalrohr-X-Rahmen
Radstand, Spur v/h	3050, 1480/1525 mm
Gesamtabmessungen	5065 × 1838 × 1600 mm
Bereifung	7.60 S – 15
Tankinhalt	72 Liter
Leergewicht	Lim. 1860, Cabrio D 1910 kg
Höchstgeschwindigkeit	160 km/h
Stückzahlen	1483 (davon 51 Cabrios)
Preise	Limousine DM 22 000 Cabrio D DM 24 700

ganz gefiel, konnte sich für 750 Mark ein Stahlschiebedach einbauen lassen oder jene Radzierblenden von der Firma Lemmerz bestellen, die Speichenräder vortäuschten und sogar eine Zentralverschluß-Attrappe aufwiesen – solche Extras galten vor allem in den Vereinigten Staaten als beliebtes Zubehör. Heizung und Lüftung wurden längst nicht mehr gegen Aufpreis geliefert, wenngleich es 1956 noch immer Autos gab, die hierfür einen zusätzlichen Obulus verlangten. Beim NSU-Fiat Neckar betrug er 250 Mark, beim Opel Kapitän 160 Mark, beim BMW 501 65 Mark.

Eine besondere Ausführung des Mercedes-Benz 300 c konnte der Kunde ab Sommer 1956 bestellen, nämlich mit 3250 mm statt der serienmäßigen 3050 mm Radstand, womit sich die Gesamtlänge des Wagens von 5065 auf 5165 mm vergrößerte. Dem Innenraum der Limousine kam dieser Platzgewinn im Fond zugute, hier ließen sich zusätzliche Klappsitze unterbringen oder auch eine Trennscheibe.
In einer Gegenüberstellung der Betriebskosten für den Mercedes-Benz 300 kamen zeitgenössische Rechner auf akzeptable Werte im Vergleich zu anderen großen Personenwagen:

BMW 502	26,1 Pf./km
Mercedes-Benz 300	27,7
Ford V8 (US)	28,0
Mercedes-Benz 300 S	32,6

Mit der Abschreibung und Versicherung ergab sich folgendes Bild:

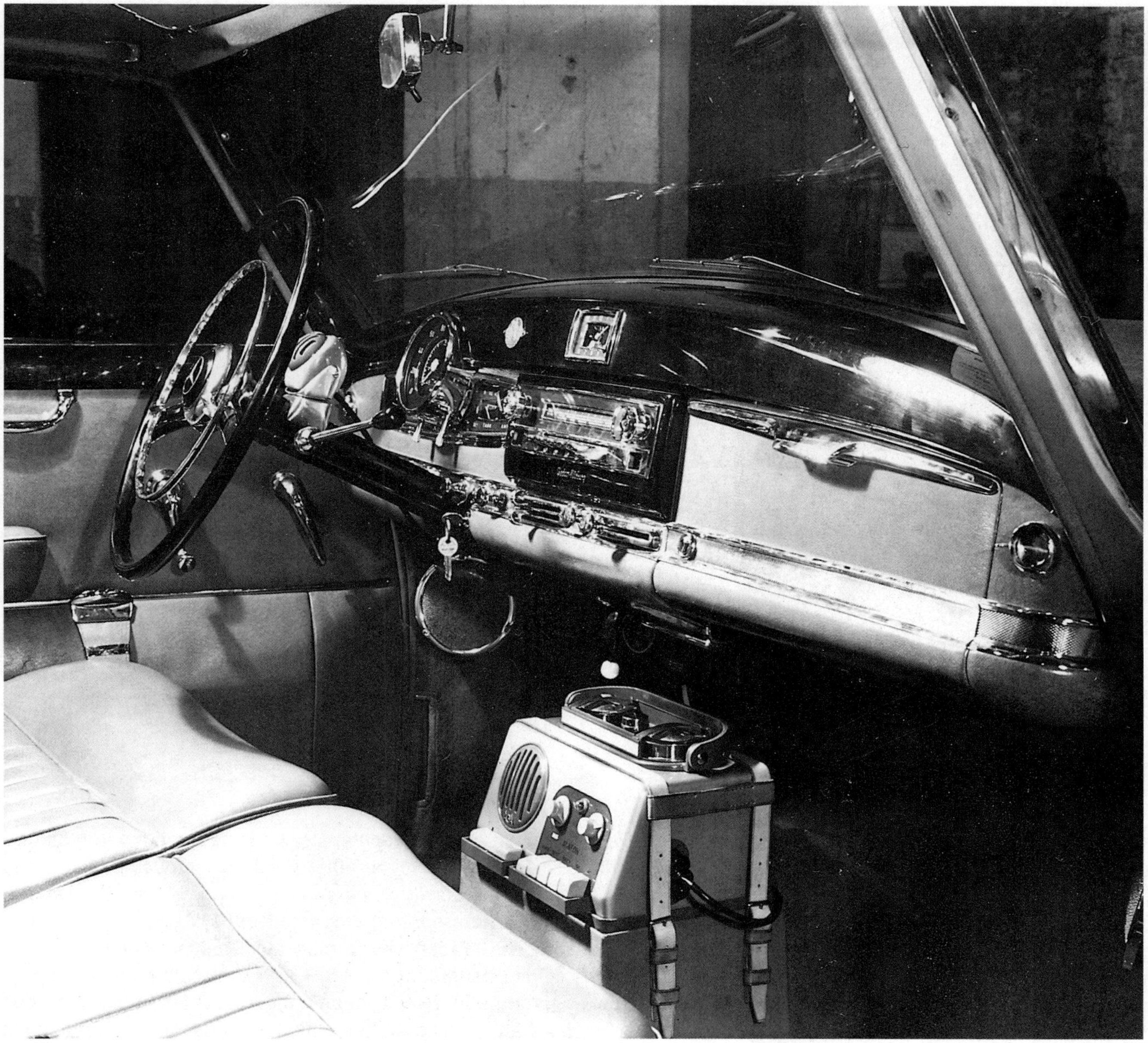

Interieur eines Mercedes 300 der Bundesregierung. Das Kurzwellen-Telefon nimmt vorn viel Platz ein. Ein zusätzliches Mikrofon befindet sich auf der Lenksäule. Das Becker-Radio Typ »Nürnberg« war speziell für Daimler-Benz entwickelt worden.

	bei 10 000 km	bei 40 000 km
BMW 502	72,8 Pf./km	37,8 Pf./km
Ford V8 (US)	77,1	40,3
Mercedes-Benz 300	84,6	41,9
Mercedes-Benz 300 S	108,9	51,7

Wobei solche Zahlenspiele für den, der sich's leisten konnte, einen Dreihunderter zu fahren, nicht von entscheidender Bedeutung waren. Die immateriellen Werte eines Mercedes der oberen Hubraum- und Preisklasse ließen sich für den Daimler-Benz-Enthusiasten ohnehin nicht in Zahlen ausdrücken.

Mit vollversenkbaren Scheiben –
die Hardtop-Limousine als letztes Modell der Dreihunderter-Serie:

Mercedes-Benz 300 d

Als der 180-Vierzylinder längst den Hundertsiebziger als letzten klassischen Vertreter jener Bauart, die Fahrgestell und Karosserie als getrennte Körper aufwies, abgelöst hatte und auch der alte 220 durch einen Ponton-Mercedes ersetzt worden war, wertete Daimler-Benz den 300 durch eine Reihe interessanter Neuerungen noch einmal auf. Die dem 300 d zugeteilte Werks-Codenummer W 189 macht deutlich, daß man das noch verbliebene Modell mit separatem Chassis – der 300 Sc/W 188 II stand bereits auf dem Aussterbe-Etat – einer Neukonstruktion gleichstellte.

Im August des Jahres 1957 lief eine kleine Vorserie der neuen Limousine an, im November begann man mit dem Bau der Wagen für den Verkauf. Vieles hatte sich schon äußerlich am Dreihunderter geändert, allein die Formgebung der Kotflügel, die hinten ihre Rundlichkeit eingebüßt hatten; es gab einen längeren Kofferraum, eine neugestaltete Dachpartie mit breitem Heckfenster und voll versenkbaren Seitenscheiben. Das Werk sprach von einer Hardtop-Limousine, wobei das hintere Scheibenstück seitlich herausnehmbar war – ein Zugeständnis an den (sehr interessanten) amerikanischen Markt . . .

Den Radstand des Wagens hatte man auf 3150 mm verlängert, wodurch sich seine Gesamtlänge auf 5190 mm erstreckte, und gewichtsmäßig war man nun bei zwei Tonnen angelangt. Kein Problem für den Motor – der hatte jetzt nämlich eine Leistung von erstaunlichen 160 Pferdestärken erreicht. Aber es handelte sich nur noch im Grundaufbau um den alten Dreiliter; man hatte einen Einspritzer aus ihm gemacht. Es war jene Maschine, die es seit September 1955 im 300 Sc-Coupé (dort allerdings noch etwas leistungsgesteigert) zu finden war, und im 300 SL hatte die Maschine oft genug bewiesen, welches Potential in ihr steckte. Dieses Aggregat gab es nun auch

unter der Motorhaube eines »normalen« Personenwagens – sofern man den 300 d so titulieren wollte. Und er war die 27 000 Mark wert, die man für die viertürige Hardtop-Limousine anzulegen hatte. 3077 Käufer fanden sich hierzu in der Zeit vom November 1957 bis zum März 1962 bereit. Und 66 Abnehmer gab es für das D-Cabriolet, ebenfalls mit Einspritzmotor bestückt. Den offenen Wagen baute man in Sindelfingen vom Juli 1958 bis Februar 1962 – drei Stück in zwei Monaten, durchschnittlich gesehen. Gekrönte und andere edle Häupter gehörten zu den Abnehmern. Die Limousine erhielt man auf Wunsch auch wieder mit Trennwand; das ganze über die Raumbreite reichende Innenfenster ließ sich elektrisch versenken.
Durch den längeren Radstand hatte man in der Längsachse zusätzliche 140 mm gewonnen, die dem Komfort weiter zugute kamen. Und die ungewöhnlich großzügige Verglasung (sie machte beim 300 d über zwei Quadratmeter in der Gesamtfläche aus) bot eine Rundumsicht, wie sie kein Mercedes zuvor aufgewiesen hatte. Der Kunde hatte die Wahl zwischen Velours-, Cord- oder Lederpolstern, und die Getriebeautomatik war schon zum Standard des großen Mercedes geworden, obwohl man nach wie vor das Handschaltgetriebe bekommen konnte. Ab September 1958 offerierte Daimler-Benz eine Servolenkung.
Die Eingelenk-Pendelachse hatte dem Wagen beim Einfedern seine X-Beinigkeit genommen, die früher so typische Erscheinung bei einem Mercedes, die als Gegenbewegung das Sich-Aufstellen der Achse zur Folge gehabt hatte. Beim 300 Sc hatte die Eingelenk-Pendelachse die Zweigelenk-Pendel- bzw. Schwingachse bereits abgelöst, auch der 300 SL Roadster wies sie nicht mehr auf. Die Straßenlage war jetzt auch in extremen Fällen nicht mehr zu überbieten, die Kurvenstabilität des Mercedes optimal. Das Sechszylinder-Aggregat mit intermittierender Saugrohr-Einspritzung leistete im 300 d 160 DIN-PS bei 5500 Touren, das Drehmoment betrug 24,2 mkp bei 4200

Gegenüberliegende Seite und links: Mercedes-Benz 300 d, wie er von August 1957 bis März 1962 hergestellt wurde. Alle Fenster dieser Limousine ließen sich voll versenken, das hintere Stück herausnehmen. Unten ein Blick in den Motorraum.
Wie schon der 300 c, war auch der 300 d mit Getriebeautomatik lieferbar (hydraulischer Drehmomentwandler und Dreigang-Planetengetriebe System Borg-Warner). Der Wählhebel befand sich unter dem Lenkrad.

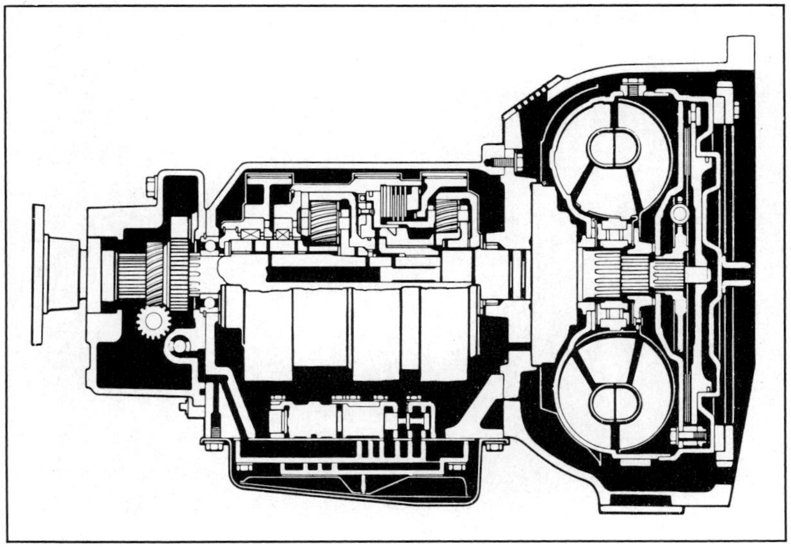

U/min. Die Verdichtung hatte man auf 8,55:1 angehoben. Kurzzeitig durfte man den Motor bis 6000 Touren drehen lassen.
1959 gab es ein paar Änderungen im Interieur. Das Bremspedal des Automatik-Modells war etwas schmaler geworden, und es gab ein neues Lenkrad mit einer breiten Polsterplatte in der Mitte. Die Sichtkontrolle für die Fahrstufen der Automatik hatte man von der Lenksäule ans Armaturenbrett verlegt, auch waren die Bedienungsknöpfe jetzt aus einem verformbaren Kunststoff. Endlich hatte der schnelle Mercedes-Fahrer auch eine Lichthupe, die – drückte man sie ganz herunter – das Zwei/Dreiklanghorn zusätzlich ertönen ließ.
Die Scheibenwaschanlage des 300 d ließ sich mit einer Fußtaste in Bewegung setzen, für Dauerbetätigung des Scheibenwischers gab es nach wie vor einen Handschalter. Der abschließbare Deckel des – beleuchteten – Handschuhkastens diente aufgeklappt als ein waagrechtes Tischchen.
Als ganz großes Plus durfte man beim 300 d den vergrößerten Kofferraum bewerten. Öffnete man den Deckel, ging automatisch das Licht an, und wenn man das Ladevolumen optimal zu nutzen trachtete, konnte man sich auch 1961 noch einen speziellen Koffersatz beim Mercedes-Benz-Händler bestellen. Das Reserverad stand senkrecht an der rechten Innenseite.
Zum Fahrkomfort trug der von allen Vibrationen freie, weiche Motorlauf bei – die Maschine war in reichlich dimensionierten Gummipolstern aufgehängt. Die Kugelumlauflenkung, beim Dreihunderter seit 1952 vorhanden (davor: Schnecke, wie auch bei allen Modellen der 170er- und 220-Baureihe), wies eine automatische Nachstellvorrichtung auf und hielt durch einen Lenkungsstoßdämpfer Fahrbahnstöße fern. Auch die elektrisch zuschaltbare Ausgleichsfeder an der Hinterachse gehörte zur Serienausstattung des 300 d.
Im April 1961, also fast ein ganzes Jahr vor der Herausnahme des 300 d aus dem Bauprogramm, gab es bereits einen anderen Dreihunderter, den 300 SE (112/3), dessen Aufbau in selbsttragender Bauweise gehalten war wie bei allen anderen Serienfahrzeugen von Daimler-Benz.

Versuchswagen oder sogenannte »Erlkönige« werden in der Öffentlichkeit nur selten ausgestellt – sie pflegen nur Anlaß zu Gerüchten zu geben. Dieser 300 d ist ein Meßwagen – kein Vorserienfahrzeug einer Pullman-Limousine!

Modell	Mercedes-Benz 300 d (W 189)
Produktionszeit	August 1957 – März 1962
Motor	Reihen-Sechszylinder M 189
Bohrung/Hub/ccm	85 × 88, 2996 ccm
Verdichtung	8,55:1
Leistung	160 PS bei 5300 U/min
Ventile, Steuerung	hängend, 1 ohc
Schmierung	Druckumlauf
Kühlung	Wasser, Pumpe
Einspritzung	Bosch-Einspritzung
Elektrik	12 Volt 70 Ah
Kupplung	Einscheiben-Trockenkupplung
Getriebe	4-Gang, Lenkradschaltung (Automatik)
Lenkung	Kugelumlauf
Fußbremse	hydr. (Servo), Trommel/Vierrad
Handbremse	mech., Hinterräder
Chassis	Ovalrohr-X-Rahmen
Radstand, Spur v/h	3150, 1480/1525 mm
Gesamtabmessungen	5190 × 1860 × 1620 mm
Bereifung	7.60 S – 15
Tankinhalt	72 Liter
Leergewicht	Lim. 1950, Cabrio D 2000 kg
Höchstgeschwindigkeit	170 km/h
Stückzahlen	3142 (davon 65 Cabrios)
Preise	Limousine DM 27 000 Cabrio D DM 30 800

Dieses Bild macht das Platzangebot im 300 d deutlich. Durch den auf 3150 mm verlängerten Radstand ergaben sich indessen auch größere Außenabmessungen: Der Mercedes 300 d war insgesamt 5190 mm lang, auch die Breite hatte mit 1860 mm etwas zugenommen.

Das Sitzraumangebot war beim Mercedes 300 d, wie die Skizze rechts verdeutlicht, außerordentlich groß. Es blieb genug Platz für eine Trennscheibe.

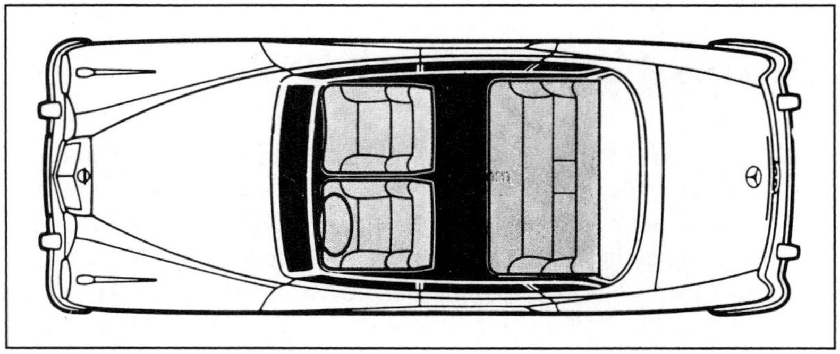

Schon sein Preis von 23 100 Mark – das waren rund 4000 Mark weniger als der des 300 d – machte deutlich, daß hier rationellere Fertigungsmethoden (und daraus ergaben sich höhere Stückzahlen) zur Anwendung kamen und Daimler-Benz neue Käuferkreise anzusprechen gedachte, denen weniger an traditionsreichem Design lag als an einer unauffälligen Eleganz zu erschwinglichem Preis. Der »fahrgestellose« 300 SE, von 1961 bis 1965 in etwa 10 000 Exemplaren gebaut und verkauft, konnte auch für einen bescheidenen 220 gehalten werden, zumal eine zunehmende Zahl von Mercedes-Fahrern es vorzog, die Chromziffern auf dem Wagenheck entfernen zu lassen, die den Motortyp verrieten. Mit einem klassischen Dreihunderter herkömmlicher Art ließ sich das nicht machen – er blieb, was er war, selbst wenn man ihn der Ziffern »300« auf dem Kofferdeckel beraubte. Für einen 170 hielt ihn sicher niemand.

Automobil-Liebhaber in aller Welt waren sich bei Erscheinen dieses Mercedes-Benz sofort einig. Hier stand eines der schönsten Fahrzeuge des Jahrhunderts vor ihnen:

Mercedes-Benz 300 S

Zurück zum Jahr 1951. Es brachte in vieler Hinsicht Neuigkeiten. Auf der Frankfurter Automobilausstellung im April präsentierte BMW einen Sechszylinder, den erst sehr viel später lieferbaren Typ 501, – und Daimler-Benz stellte neben dem 220 den Mercedes 300 vor. Im gleichen Jahr, auf dem Pariser Herbstsalon 1951, ließen die Stuttgarter das 300 S-Modell folgen, erhältlich als Coupé oder Cabriolet bzw. Roadster. Den Typ 300 S (Werksbezeichnung: W 188) gab es ab Juli 1952 bis September 1955 zu kaufen.

Im technischen Aufbau basierte der 300 S auf dem 300. Er hatte den gleichen Sechszylinder-Vergasermotor mit 2996 ccm Hubraum, leistete bei einer Verdichtung von 7,8:1 indessen 150 PS bei 5000 Touren und wies ein Drehmoment von beachtlichen 23,5 mkg bei 3800 U/min auf. Statt der beiden Fallstromvergaser (Solex) des 300 hatte der 300 S drei solcher Einheiten – entsprechend war die sportwagenmäßige Beschleunigung von Null auf 100 km/h in 15 Sekunden. Damit fuhr man sogar einem Porsche 1300 Super davon. Die Spitzengeschwindigkeit des 300 S lag bei gut 175 km/h.

Das Fahrwerk des Wagens glich dem des 300. Nur gab man dem 300 S von vornherein eine Kugelumlauflenkung, die der 300 ab Mitte 1952 ebenfalls erhielt. Die Bremsen stattete man vom Modelljahr 1954 an mit Servohilfe aus. Natürlich hatte der dreisitzige 300 S einen kürzeren Radstand als die Limousine (2900 mm statt 3050 mm), war in den Abmessungen dennoch ein beträchtliches Stück Auto und wog mit 1760 Kilogramm fast ebenso viel wie der große 300.

»Ein Wagen der Weltelite«, schrieb die *Automobil Revue,* Bern, als sie den 300 S ihren Lesern vorstellte. »Es ist unsere Überzeugung, daß dieses Fahrzeug in manchen Dingen als Maßstab für das heute im Automobilbau Erreichbare herangezogen werden darf.« Und man

Links ein Mercedes-Benz 300 S Cabriolet A. Das S- wie auch das Sc-Modell gab es auch ohne Sturmstangen mit leichterem Verdeck, Roadster genannt. In heller wie in dunkler Lackierung sah der 300 S äußerst elegant aus. Der Wagen besaß keine Winker mehr, sondern Blinkleuchten vorn und hinten.

Unten: Der 300 S als Roadster mit voll versenkbarem Verdeck. Dies ist die seltenere Ausführung des offenen 300 S, die aber sonst keine weiteren Unterschiede zum A-Cabriolet aufwies. Das Foto entstand 1953 auf dem Stuttgarter Flughafen.

Turbobremse des 300 S mit Unterdruck-Bremshilfe (Servo). Sie zeichnete sich durch den geringen Pedaldruck aus, der zu ihrer Bedienung erforderlich war.

empfand es als wohltuend, daß Daimler-Benz so viel moderne Technik in ein Fahrzeug mit konservativer Linienführung gepackt hatte – »ohne Zuflucht zur Aerodynamik«. Die erstaunliche Literleistung von 50 PS wurde 1955 noch angehoben, als das Modell 300 Sc erschien. Dieser Wagen unterschied sich vom 300 S durch etliche Details, so durch die Bosch-Einspritzanlage, die dem auf 8,55:1 verdichteten Motor eine Leistung von 175 PS verlieh, gut für 180 km/h. Der 300 Sc erhielt auch eine Eingelenk-Pendelachse, wobei die klassische Schraubenfederaufhängung vorn und hinten beibehalten wurde. Wie schon beim 300, erwies sich der Motor des 300 Sc als ein Optimum an Laufruhe und Elastizität. Im dritten Gang kam man auf 120 km/h und

Ein 300 S Cabriolet im Kühlerversuch der Süddeutschen Kühlerfabrik Julius Fr. Behr in Stuttgart-Feuerbach. Behr gehörte seit jeher zu den großen Zulieferern der Daimler-Benz AG. Das Foto entstand noch im alten Versuchsbau, der wenig später durch eine modernere Anlage ersetzt wurde.

konnte bis 20 km/h hinunterbummeln. Die Lenkradschaltung tat der Sportlichkeit des Wagens keinen Abbruch – daß Fahrzeuge dieser Charakteristik Stockschaltung haben müßten, war erst eine Forderung späterer Zeit.

Die Zeitschrift *auto, motor und sport* verglich das rassige Cabriolet mit dem Mercedes 540 K der Vorkriegszeit. In der Tat stellte der 300 S bzw. Sc ein Fahrzeug der Spitzenklasse wie seinerzeit der große Kompressor-Sportwagen dar und sollte die gleiche repräsentative Funktion haben. Dies drückte sich nicht zuletzt in den geringen Stückzahlen aus, die vom 300 S/Sc gebaut wurden. Vom 300 S wurden bis zum August 1955 nur 560 Exemplare gefertigt, vom Einspritzermodell (W 188 II genannt), den man bis April 1958 kaufen konnte, sogar nur 200 Stück. Elitär war auch der Preis des Wagens: Kostete das große D-Cabriolet vom Typ 300 im Jahre 1952 schon 23 700 Mark, so kam der 300 S auf 34 500, der Einspritzer auf 36 500. Selbst der 300 SL kostete etwas weniger. Der 300 S war aber jeden Pfennig seines Preises wert, wenn nicht mehr. Nicht nur die ausgereifte Technik, sondern auch die sorgfältige Verarbeitung bis ins kleinste Detail hielt jedem Rolls-Royce-Vergleich stand . . .

Das Cabriolet gab es in einer weiteren Variante, die vom Werk als Roadster bezeichnet wurde. Dieses Modell hatte ein voll versenkbares Verdeck ohne Sturmstangen, glich in seiner übrigen Ausstattung aber dem normalen Cabriolet und hatte auch wie dieses Kurbelscheiben in den Türen.

Mit breiten Pneus der Dimension 6.70-15 hatte man dem 300 S Reifen gegeben, die jenem »Renncharakter« entsprachen, den man einem Wagen dieser Art »angesichts seiner hohen Dauergeschwindigkeit« (*Automobil Revue*) bescheinigte. Den damaligen Stand der Reifentechnik berücksichtigend, drückten sich die Tester damals sehr vorsichtig aus: »Der Fahrer muß sich heute zwischen besserer Haftung (bei Reifen der Superballonklasse) oder besserer Haltbarkeit entscheiden. Die Metzeler-Reifen des Testwagens zeichneten sich eher in der

Im 300 S Coupé gab es – wie im Cabriolet – eine schmale Sitzbank im Fond, deren Rückenlehne man umlegen konnte, um ein zusätzliches Gepäckabteil zu erhalten. Links die Frontalansicht des 300 S.

zweiten Richtung aus.« Der universelle Allroundreifen für solche Fahrzeuge kam erst später auf den Markt.
Als bemerkenswert bezeichneten Kritiker die hervorragenden Bremsen des 300 S. Dauerbeanspruchung wie rücksichtsloses Durchbremsen von 160 auf 30 km/h in dicht aufeinanderfolgenden Intervallen brachten keine wesentliche Reduktion der Verzögerungswerte. »Wer die Bremsen des 300 S mit denen eines entsprechenden Wagens von 1939 vergleicht, konstatiert enorme Fortschritte!«

Oben ein 300 S Cabriolet mit später montierten Weitstrahlern.

Modell	Mercedes-Benz 300 S (W 188)	Mercedes-Benz 300 Sc (W 188 II)
Produktionszeit	Juli 1952 – August 1955	September 1955 – April 1958
Motor	Reihen-Sechszylinder M 188	Reihen-Sechszylinder M 199
Bohrung/Hub/ccm	85 × 88, 2996 ccm	85 × 88, 2996 cm
Verdichtung	7,8:1	8,55:1
Leistung	150 PS bei 5000 U/min	175 PS bei 5400 U/min
Ventile, Steuerung	hängend, 1 ohc	hängend, 1 ohc
Schmierung	Druckumlauf	Trockensumpf
Kühlung	Wasser, Pumpe	Wasser, Pumpe
Vergaser/Einspritzung	3 Fallstrom Solex 40 PBJC	Bosch-Einspritzpumpe
Elektrik	12 Volt 50 Ah	12 Volt 50 Ah
Kupplung	Einscheiben-Trockenkupplung	Einscheiben-Trockenkupplung
Getriebe	4-Gang, Lenkradschaltung	4-Gang, Lenkradschaltung
Lenkung	Kugelumlauf	Kugelumlauf
Fußbremse	hydr., Trommel/Vierrad	hydr. (Servo), Trommel/Vierrand
Handbremse	mech., Hinterräder	mech., Hinterräder
Chassis	Ovalrohr-X-Rahmen	Ovalrohr-X-Rahmen
Radstand, Spur v/h	2900, 1480/1525 mm	2900, 14,80/1525 mm
Gesamtabmessungen	4700 × 1860 × 1510 mm	4700 × 1860 × 1510 mm
Bereifung	6.70 – 15 extra	6.50 – 15 extra
Tankinhalt	85 Liter	85 Liter
Leergewicht	1760 kg	1780 kg
Höchstgeschwindigkeit	176 km/h	180 km/h
Stückzahlen	560	200
Preis	DM 34 500	DM 36 500

300 S und 300 Sc waren seit Anbeginn Liebhaberfahrzeuge, Zweit- oder Drittwagen ambitionierter und gutbetuchter Kenner. Die Wagen behielten ihren Wert über Jahrzehnte, Sammler zahlen für guterhaltene oder perfekt restaurierte Exemplare heute das Drei- oder sogar Vierfache des Neupreises. Als letzter Vertreter der klassischen Bauweise mit einem »richtigen« Chassis und letzter Nachfahre des Mercedes 170 gehört der 300 S/Sc zu den reizvollsten Automobilen seiner Kategorie der fünfziger Jahre.

Links ein Coupé, dessen Dach offenbar nachträglich angefertigt wurde. Ein Hardtop gab es für die Roadsterausführung als Extra allerdings nicht. Rechts eine Coupé-Ausführung mit Schiebedach. Dies war die teuerste Version dieses klassischen Mercedes – ein Traumwagen schlechthin.

R88-5577

Dieses Automobil war eine Faszination.
Es knüpfte an das Erbe des legendären Mercedes SSK an:

Mercedes-Benz 300 SL

Wer hätte es für möglich gehalten, daß ein Rennwagen – für jedermann käuflich – je in Serie gehen wird? wunderte sich die Fachpresse im Herbst 1954, als der Mercedes-Benz 300 SL mit Flügeltüren erschien. So etwas gab es bislang nur einmal, damals in den zwanziger Jahren, als Bugatti seine hellblauen Renner auf den Markt brachte.
Der Prototyp des 300 SL war im Frühjahr 1953 entstanden, basierend auf jenen Rennwagen, die unter anderem in der Panamericana 1952 für sensationelle Ergebnisse gesorgt hatten. Einen solchen Wagen im offiziellen Verkaufsprogramm zu führen, war ein verlockender Gedanke, vor allem im Hinblick auf den Export nach USA. Als die Idee eines serienmäßig hergestellten Flügeltürer-Sportwagens ihre Realisierung fand, gingen tatsächlich die meisten Fahrzeuge in die Vereinigten Staaten – wie auch vom später nachfolgenden 300 SL Roadster. Die New Yorker Motor Show 1954 war auch Ort der Handlung, als der 300 SL in seiner käuflichen Ausführung das erstemal dem Publikum gezeigt wurde.
Als Musterbeispiel konsequenten Leichtbaus – soweit in der Serie vertretbar – kam der Flügeltürer auf nur 1310 Kilogramm Eigengewicht. Motor, Getriebe, Kraftübertragung, Vorder- und Hinterachse sowie die Lenkung entstammten dem Mercedes 300, waren mithin also Serienaggregate und keineswegs eigens für einen Sportwagen entwickelt. Neu war der leichte Gitterrohr-Rahmen, eine Konstruktion Rudolf Uhlenhauts – das ganze Gebilde wog nur 50 Kilogramm. Mit Ausnahme der Querträger waren alle Rohre nur auf Zug- oder Druckbeanspruchung ausgelegt.
Dem sportlichen Charakter des 300 SL Rechnung tragend, hatte man den Serienaggregaten natürlich gewisse Modifizierungen angedeihen lassen. Der mit Bosch-Direkteinspritzung versehene Sechszylinder-

motor entsprach in den Grunddimensionen dem der anderen Dreihunderter, war aber auf eine Leistung von 215 PS bei 5800 Touren getrimmt worden. Sein Drehmoment lag bei 26 mkg/4000 U/min. Die Literleistung von 71 PS übertraf alle Werte zeitgenössischer Serienautomobile, auch der sportlichsten unter ihnen.

Es gab den 300 SL mit unterschiedlichen Hinterachsübersetzungen; normalerweise betrug sie 3,64:1, wahlweise konnte man sich auch für 3,25, 3,42, 3,89 oder 4,11 entscheiden. Bei 3,25:1 war eine Spitzengeschwindigkeit von 260 km/h erzielbar. Der Katalogwert betrug 225 km/h. »Wo man ihn auch anpackt – der 300 SL zeigt überall ein-

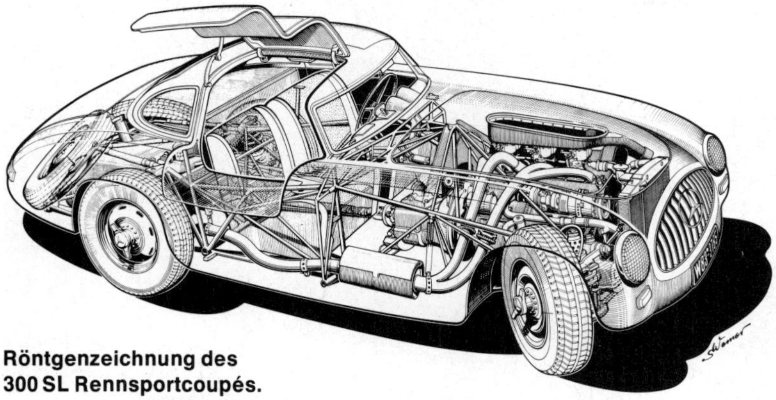

Röntgenzeichnung des 300 SL Rennsportcoupés.

Rechts: Die verrippte Bremstrommel (260 mm Durchmesser) mit ihren breiten Belägen. Scheibenbremsen erhielt der Mercedes 300 SL erst ab März 1961.

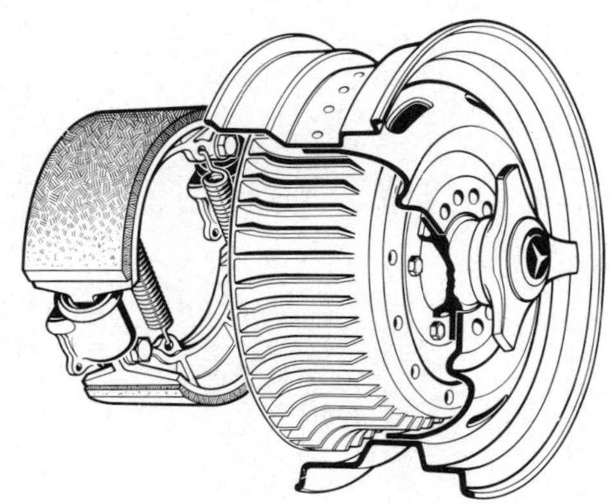

Unten: Wettbewerbsausführung des 300 SL von 1952. Die Serienausführung, wie es sie ab 1954 gab, zeigt das Foto auf der gegenüberliegenden Seite.

Oben der Rennsport-Achtzylinder 300 SLR, mit dem Daimler-Benz 1955 das Championat der Konstrukteure gewann.

Mit dem Serien-300-SL hatte dieser Roadster (links) nicht viel gemein. Er besaß das hohe Chassis des Flügeltüren-Renncoupés von 1952. Darunter der 1953er Renn-300 SL.

Rechts: Rennwagen-Transporter des Werks, der viele 300 SL beförderte und selbst einen 300-SL-Motor besaß.

malige Aspekte. Er ist ein Sportwagen ohne Vorbild, der zum vorbildlichen Sportwagen wurde«, urteilte *auto, motor und sport.*
Er fahre sich »mühelos wie ein Amerikaner«, meinten die Tester: »Das vollsynchronisierte Getriebe beherrscht eine Hausfrau mit stempelfrischem Führerschein ebenso leicht wie ihren Staubsauger.«
Die Bremsen des 300 SL waren die eines Rennwagens. Die Trommeln (erst ab 1961 gab es den SL mit Scheibenbremsen) hatten 260 mm Durchmesser, waren aus Leichtmetall mit einem angeschweißten Stahlring und wiesen außen Wirbelschaufeln auf. Selbstverständlich arbeiteten die Bremsen mit Servohilfe.
Die Rundumsicht des Coupés beurteilte man als sehr gut, ebenso den Einstieg durch die funktionsgerechten Falltüren. Die breiten Einstiegsschwellen ergaben sich aus der Gitterrohr-Bauweise des Rahmens. Viel Platz für Gepäck gab es im Heck des 300 SL allerdings nicht; Reserverad und 130 Liter Kraftstoff hatten schließlich Vorrang in der Raumzuteilung. Dafür durfte man das Cockpit für zwei Personen als überaus geräumig und bequem bezeichnen – die spartanische Enge eines britischen Sportwagens war mit dem Komfort, den das 300 SL Coupé bot, nicht zu vergleichen.
Fast atemberaubend waren die Beschleunigungswerte. Von Null auf 100 km/h kam man in 10 Sekunden, auf 140 (mit Durchschalten) in 13 Sekunden. Der zweite Gang reichte bis 125 km/h, der dritte bis 185.

Die Flügeltüren des Mercedes 300 SL waren kein Modegag, sondern konstruktiv bedingt – eine geniale Lösung, die später von anderen Autoherstellern oft nachgeahmt wurde.

Oben links: Einspritzmotor des 300 SL.
Oben: Blick in das Cockpit eines Vorserienwagens – die Unterschiede zur Serienausführung (Foto unten) werden schnell deutlich.

Dabei gab die Maschine noch absolut zivile Geräusche von sich, nur der Auspufflärm nahm bei ansteigenden Drehzahlen entsprechend zu. Über Windgeräusche hatte man sich auch bei höheren Reisetempi im Wagen nicht zu beklagen.
Vom August 1954 bis Ende Mai 1957 wurde der 300 SL ausschließlich als Flügeltüren-Coupé gebaut, und zwar in 1400 Exemplaren, Prototypen und Werks-Rennausführungen nicht mitgerechnet. Ihm folgte eine neue Ausführung – als Roadster mit normalen Türen. Mit dieser Version erschloß sich Daimler-Benz neue Käuferkreise, die sich für die extravaganten Flügeltüren bisher nicht recht erwärmen konnten. Als Roadster (mit seitlichen Kurbelfenstern) mit etwas niedriger gehaltenem Rohrrahmen und verstärkten Hauptrohren brachte er die gleichen Leistungs- und Fahrwerte wie sein Vorgänger.
An der Hinterachse hatten die Daimler-Ingenieure allerdings eine wichtige Änderung vollzogen. Man war von der Pendel-Schwingachse zur Eingelenk-Pendelachse übergegangen (mit zusätzlichen Ausgleichs-Schraubenfedern). Gleichzeitig war im Heck des Wagens ein richtiger Kofferraum entstanden, indem man das Reserverad in die »Tiefebene« des Kraftstoff-Tanks – der statt 130 Liter wie im Flügeltürer nurmehr 100 Liter faßte – verlegt hatte.
Nach den Werksferien 1958 lieferte man den 300 SL auf Wunsch mit einem abnehmbaren Coupédach (Hardtop) aus. Es stand dem Wagen ausgezeichnet und kostete 1500 Mark. Mit einem Grundpreis von 32 500 Mark (der Flügeltürer hatte 29 000 Mark gekostet) war das Auto

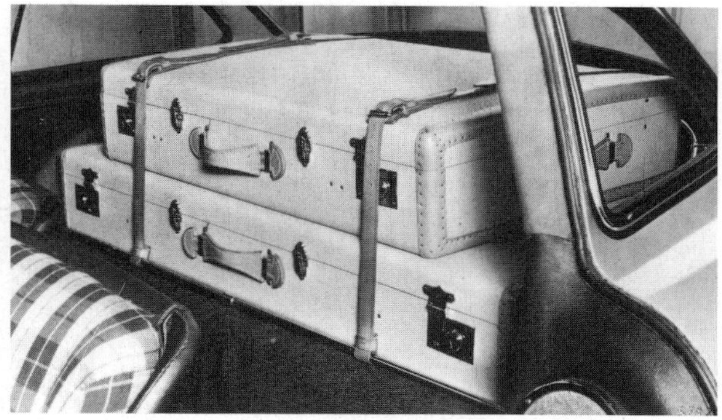

Der »Kofferraum« war nur knapp bemessen beim 300 SL, größere Koffer schnallte man hinter der Rückenlehne fest. Andere Sportwagen boten auch nicht mehr Gepäckraum.

Oben: Serienausführung des Coupés 1957. Der überwiegende Teil der 1400 hergestellten 300 SL-Coupés wurde exportiert. Später fanden – zu hohen Liebhaberpreisen – eine große Anzahl den Weg nach Deutschland zurück.

Rechts: Endmontage des 300 SL Coupés. Die Aufnahme entstand 1956; die durchschnittliche Wochenproduktion betrug seinerzeit fünf Fahrzeuge – vom 170-Diesel stellte Daimler-Benz vergleichsweise wöchentlich 400 Stück her.

Modell	Mercedes-Benz 300 SL (W 198 I)	Mercedes-Benz 300 SL (W 198 II)
Produktionszeit	August 1954 – Mai 1957	Mai 1957 – Februar 1963
Motor	Reihen-Sechszylinder M 198	Reihen-Sechszylinder M 199
Bohrung/Hub/ccm	85 × 88, 2996 ccm	85 × 88, 2996 cm
Verdichtung	8,55:1	8,55:1
Leistung	215 PS bei 5800 U/min	215 PS bei 5800 U/min
Ventile, Steuerung	hängend, 1 ohc	hängend, 1 ohc
Schmierung	Trockensumpf, Druckumlauf	Trockensumpf, Druckumlauf
Kühlung	Wasser, Pumpe	Wasser, Pumpe
Einspritzung	Bosch-Einspritzpumpe	Bosch-Einspritzpumpe
Elektrik	12 Volt 56 Ah	12 V 56 Ah
Kupplung	Einscheiben-Trockenkupplung	Einscheiben-Trockenkupplung
Getriebe	4-Gang, Stockschaltung	4-Gang, Stockschaltung
Lenkung	Kugelumlauf	Kugelumlauf
Fußbremse	hydr. (Servo), Trommel/Vierrad	hydr. (Servo), Trommel/Vierrad (Scheiben)
Handbremse	mech., Hinterräder	mech., Hinterräder
Chassis	Stahlrohr-Gitterrahmen	Stahlrohr-Gitterrahmen
Radstand, Spur v/h	2400, 1385/1435 mm	2400, 1398/1448 mm
Gesamtabmessungen	4520 × 1790 × 1300 mm	4570 × 1790 × 1300 mm
Bereifung	6.50 – 15 Supersport	6.50 – 15 Supersport
Tankinhalt	130 Liter	100 Liter
Leergewicht	1310 kg	Roadster 1420, Coupé 1460 kg
Höchstgeschwindigkeit	ca. 250 km/h	220 bis 260 km/h
Stückzahl	1400	1858
Preis	DM 29 000	DM 32 500 (Hardtop DM 1500)

Am Volant des Coupés gab es gegenüber dem 300 SL-Flügeltürer einige Veränderungen.

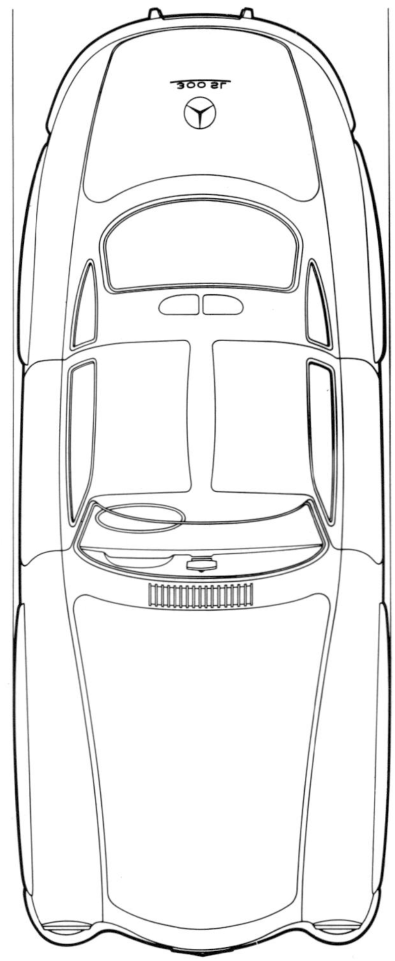

Den ab 1957 angebotenen 300 SL Roadster konnte man ein Jahr später mit aufsetzbarem Hardtop bekommen. An der unteren Dachkante befand sich ein »300 SL«-Schriftzug.

Der 300 SL in Roadsterausführung, wie es ihn von 1957 bis 1963 gab, war ein reiner Zweisitzer ohne Notsitz im Fond; dort befand sich bei Nichtgebrauch das Verdeck. Unten eine Schnittzeichnung des Wagens, aus der die Proportionen gut hervorgehen. Die Diagonalstrebe von der Hinterachse zur Wagenmitte des Gitterrohrrahmens bedingte jene schräge Erhöhung im Türausschnitt.

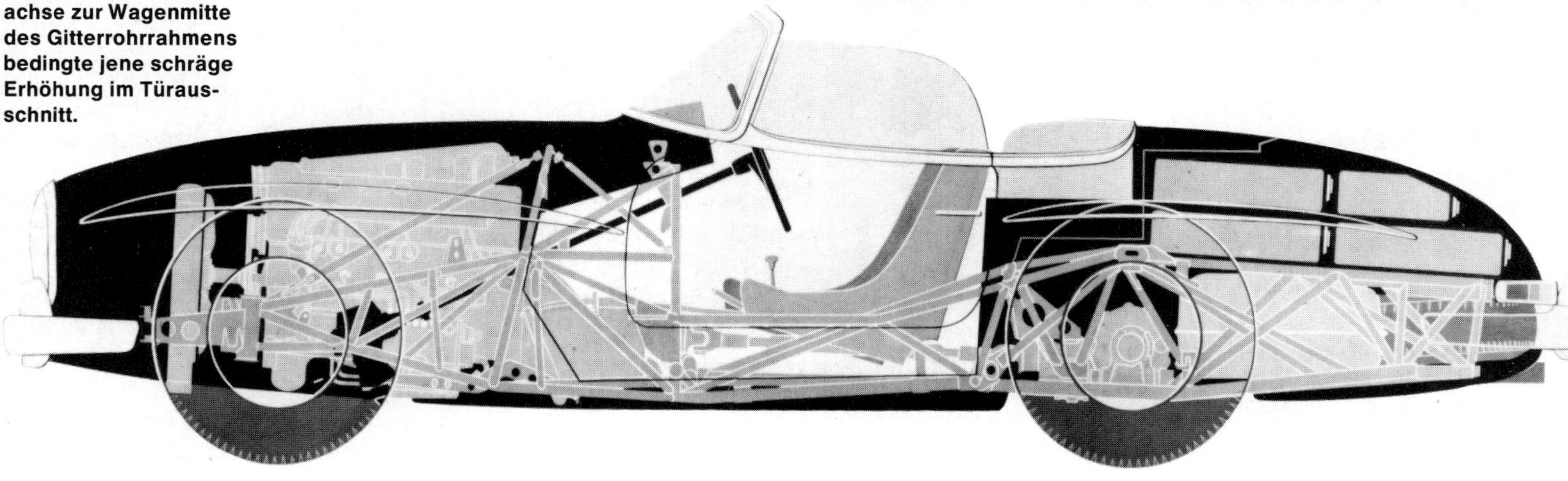

Roadster mit aufgesetztem Coupédach, Baujahr 1958. Rechts: Lothar Raffael mit dem bekannten Sandbahnfahrer Josef Walla als Teilnehmer der III. Semperit-Rallye im Mai 1959 bei einer Bergprüfung.

Unten: Roadster mit Stoff-Verdeck bei einem Test von *Auto, Motor und Sport.*

Oben: Durchsichtzeichnung der Vorderradaufhängung. Hier schlugen sich die Erfahrungen aus dem Rennwagenbau nieder. Der Motor ist in Fahrtrichtung nach links geneigt eingebaut.

erheblich billiger als der 300 S. Und er wurde immer besser: Ab März 1961 erhielt der 300 SL serienmäßig Scheibenbremsen an allen Rädern.

Als im Februar 1963 der letzte 300 SL Roadster vom Band lief – es war der 1858. insgesamt – und auch kein Nachfolgemodell ähnlicher Konzeption in Aussicht stand, wurde dies von vielen Sportwagen-Enthusiasten mit großem Bedauern zur Kenntnis genommen. Die wenigen Besitzer eines 300 SL dies- wie jenseits des Atlantiks waren sich darüber im klaren, daß ihre Fahrzeuge Wertobjekte darstellten, ein Stück

Automobilgeschichte verkörperten wie kaum ein anderer vergleichbarer Sportwagen jener Epoche. Wie es Hans-Ulrich Wieselmann, seinerzeit Chefredakteur von *auto, motor und sport*, vorausgesehen hatte, wurde der 300 SL zur Legende . . .
Obwohl der 300 SL – als Coupé wie als Roadster – seit Anbeginn ein ausgesprochener Liebhaberwagen war, ließ sich in den fünfziger und sechziger Jahren nicht voraussehen, daß seine Wertschätzung noch zunehmen würde. Viele der ins Ausland, vor allem in die Vereinigten Staaten, gelieferten 300 SL wurden nach Deutschland zurückgeholt, zunächst für wenig Geld, dann für zunehmend höhere Summen. Spezialisten befaßten sich mit der Reparatur und Restaurierung dieser Fahrzeuge, fertigten nicht mehr verfügbare Ersatzteile an. Die 300-SL-Liebhaber überall in der Welt begannen, eine verschworene Gesellschaft zu werden, formierten sich zu Clubs und organisierten internationale Treffen. Es mag inzwischen Sportcoupés geben, die in ihren Leistungswerten den 300 SL längst übertreffen und in ihrer Exklusivität den gleichen Standard wie ein Flügeltürer aufweisen können. Dennoch entbehren sie jenes Flairs, das der 300 SL ausstrahlt.

Daimler-Benz Pkw-Produktion Untertürkheim/Sindelfingen Modelle 170 – 220 – 300 1946–1963

Modell	Fabrikations-Bezeichnung	Vorserie	Produktion Hauptserie	Gesamt-Stückzahl	1946	1947	1948	19
170 V/Va/Vb	136 I/VI		Juni 1946 – August 1953	49 367	214	1 045	5 116	13
170 S–V	136 VIII		Juli 1953 – Februar 1955	3 122				
170 S	136 IV		Mai 1949 – Februar 1952	26 764				3 3
70 S Cabrio	136 IV	Mai 1949	November 1949 – November 1951	2 433				
170 Sb	191		Januar 1952 – August 1953	8 094				
170 D/Da/Db	136 I/VI	Mai 1949	Juli 1949 – Oktober – 1953	33 823			907	
170 S–D	136 VIII		Juli 1953 – September 1955	14 887				
170 DS	191		Januar 1952 – August 1953	12 965				
220	187	April 1951	Juli 1951 – Mai 1954	16 154				
220 Cabriolet/Coupé	187	April 1951	Juli 1951 – August 1955	2 360				
300/300b	186 II/III	April 1951	November 1951 – August 1955	6 214				
300/300 Cabrio	186 II/III	April 1951	März 1952 – Juli 1955	591				
300 c	186 IV		September 1955 – Juli 1957	1 432				
300 c Cabrio	189	Sept. 1957	Dezember 1955 – Juni 1956	51				
330 d	189	August 1957	November 1957 – März 1962	3 077				
300 d Cabrio	189		Juli 1958 – März 1962	66				
300 S	188 I	September 1951	Juli 1952 – August 1955	560				
300 Sc	188 II	September 1955	Dezember 1955 – April 1958	200				
300 SL Coupé	198 I		August 1954 – Mai 1957	1 400				
300 SL Roadster	198 II	Februar 1957	Mai 1957 – Februar 1963	1 858				

Baumuster-Bezeichnungen Motoren und Fahrgestelle	170 V Benzinmotor M 136 I		170Va, Vb Benzinmotor M 136 VI		170 S–V Benzinmotor M 136 VIII		170 S Benzinmotor M 136 III		170 Sb Benzinmotor M 136 III		170 D Dieselmotor OM 636 I		170 Da, D Dieselmot OM 636 V	
Bezeichnung	Motor	Fahrgestell	Motor	Fahrgestell	Motor	Fahrgestell	Motor	Fahrgestell	Motor	Fahrgestell	Motor	Fahrgestell	Motor	Fah
Innenlenker		136.010		136.060		136.081		136.040		191.010		136.110		13
Innenlenker mit Schiebedach				136.072		136.082		136.049		191.018				13
Cabriolet A		–		–		–		136.042		191.011		–		
Cabriolet B								136.043		191.012				
Krankenwagen (5sitzig)	136.920	136.014	136.923	136.070	136.926	136.083	136.922	136.044	136.922	191.013	636.915	136.114	636.916	13
Kom. Lieferwagen		–		–				136.046		191.014		–		
Lieferkastenwagen		136.016		136.074				–		–		136.115		13
Polizei-Streifenwagen		136.017						136.047		191.015				13
Polizei-Funkwagen				–				136.048		191.016				
Polizei-Funkwagen mit Schiebedach		–				–		136.050		191.017				
Taxi		136.019		136.069								–		13
Cabriolet D								–		–				
Coupé		–		–										
Roadster														

…0	1951	1952	1953	1954	1955	1956	1957	1958	1959	1960	1961	1962	1963
…76	12 687	3 692	1 636										
			2 102	880	140								
…35	10 333	326											
…86	708												
		4 580	3 514										
…9	14 622	8 115	4 570										
			6 494	5 992	2 401								
		6 734	6 251										
	3 453	9 165	3 322	214									
	368	1 178	403	259	152								
	47	2 659	1 776	1 185	547								
	2	262	181	87	59								
					330	885	217						
					3	48							
							144	1 165	607	581	535	45	
								3	23	22	61	1	
	2	113	353	37	55								
					5	140	52	3					
				146	867	311	76						
							554	324	211	249	250	244	26

Anhängelasten Modell	Anhängegewicht ungebremst	gebremst
170 V, Va,Vb	630 kg	1 200 kg
170 D, Da,Db	670 kg	1 200kg
170 S, Sb	670 kg	1 200 kg
170 DS	680 kg	1 200 kg
170 S–D	680 kg	1 200 kg
170 S–V	660 kg	1 200 kg
220	700 kg	1 200 kg
300, b, c, d	750 kg	1 200 kg

170 DS …selmotor …M 636 VI		170 S–D Dieselmotor OM 636 VIII		220 Benzinmotor M 180		300–300b Benzinmotor M 186		300c Benzinmotor M 186		300d Benzinmotor M 189		300 S Benzinmotor M 188		300 Sc Benzinmotor M 199		300 SL Benzinmotor M 198/99	
…	Fahrgestell	Motor	Fahrgestell	Motor	Fahrgestell	Motor	Fahrgestell	Motor	Fahrgestell	Motor	Fahrgestell	Motor	Fahrgestell	Motor	Fahrgestell	Motor	Fahrgestell
	191.110		136.181		187.010		186.00		186.016		189.010		–				
	191.113		136.182		187.014		186.015		186.017		189.011		–		–		
	–		–		187.012		–						188.000		188.013		
					187.013		186.013										
…8	191.111	636.931	136.183													198.980	
	191.112			180.920	–	186.920		186.920		189.980		188.920		199.920		199.980	
	–	–						186.921		189.981						–	
	191.116		–		187.018		–		–		–		–		–		
			136.187		187.017												
	–		136.188		–												
			136.184														
							186.014		186.033		189.033						
			–		187.020		–		–		–		188.011		188.014		198.040
					–								188.012		188.015		198.042

Vielseitig einsetzbare Automobile, Krankenwagen, Mehrzweckfahrzeuge auf Basis des bewährten Mercedes-Benz 170:

Kombiwagen, Ambulanzen

Während auf dem Lieferprogramm der meisten Automobilhersteller Deutschlands stets diverse Ausführungen von Kombiwagen standen, so bei Borgward, Ford, Opel oder Auto Union, gab man sich vor dem Erscheinen der T-Serie in den späteren siebziger Jahren recht zurückhaltend bei Daimler-Benz, was diese praktischen Mehrzweckautomobile betraf. Wohl konnte man einen 170 V, 170 D oder 170 S auch als Lieferwagen oder Kombi erhalten, doch handelte es sich hierbei stets um Sonderanfertigungen. Eine Anzahl renommierter Karosseriebetriebe lieferte solche Aufbauten entweder nach eigenen Standard-Baumustern oder den speziellen Wünschen des Kunden entsprechend.

Interessanterweise wurden – von einer Handvoll Ausnahmen abgesehen – keine Fahrzeuge der Typenreihen 220 oder 300 zu Kombiwagen umfunktioniert, vermutlich aus wirtschaftlichen Überlegungen. Nur als Bestattungswagen entstanden auch einige Mercedes dieser Typenreihen. Erst in den sechziger Jahren baute man wieder Kombiwagen auf Basis der hubraumstärkeren Mercedes-Modelle, aber ebenfalls bei auswärtigen Firmen und nicht in Sindelfingen.

Im eigenen Hause hatte man lediglich in der Vorkriegs- und in der frühen Nachkriegszeit Ambulanz- und Kombiwagen auf dem Hundertsiebziger-Chassis hergestellt. Die ersten Nachkriegswagen, die im Mai 1946 bei Daimler-Benz gebaut wurden, waren solche Fahrzeuge sowie Pritschenwagen für die Polizei, die Bahn und die Post. Regelrechte Kombiwagen, wie wir sie heute kennen, konnte man erst wieder 1949 auf Wunsch erhalten, und nicht vor Mai 1950 wurde von den deutschen Behörden der Begriff »Kombinationskraftwagen« überhaupt anerkannt und seine Definition im Normenausschuß festgelegt.

Der Mercedes-Kastenwagen auf Basis des 170 V, wie er von 1946 bis

1953 geliefert wurde, wies Platz für eine Einheitstrage nach Norm des Roten Kreuzes auf oder für eine »verkürzte Luftschutztrage«, wie man betonte. In seiner Gesamtlänge maß der Krankenwagen nur 5 Zentimeter mehr als die Serienlimousine, allerdings gab man dem Ambulanzfahrzeug hinten keine Stoßstangen. Der Beifahrersitz war etwas weiter nach vorn versetzt worden, neben der Trage gab es einen zusätzlichen Pfleger-Sitzplatz.

Links oben: Ambulanz-Wagen auf Basis eines Mercedes-Benz 170 V von 1949. Auch der Wagen links, geliefert an die türkische Regierung, ist ein von Lueg karossierter 170 V. Die Wagen wurden mit drei Seitentüren gebaut. Unten ein von Binz in Lorch angefertigter Krankenwagen, ein 170 Va 1951.

170 V Lieferwagen von 1937, wie man ihn unter anderem für Behörden baute. Damals gab man dem 170 versenkte Winker.

Rechts ein Polizei-Kombi auf der Basis des Mercedes 170 S 1952, gebaut von der Firma Binz. Diese Version wurde nur in ganz geringen Stückzahlen angefertigt und kam bei der Verkehrspolizei Stuttgart zum Einsatz.

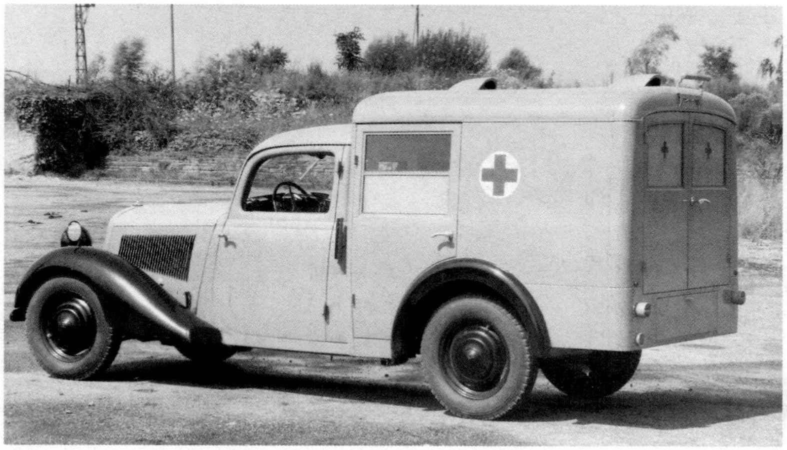

Weitaus bequemer ging es in jenen Ambulanz-Fahrzeugen zu, die man auf der Basis der S-Typen karossierte. Neben der Trage konnte man hier Rücken an Rücken zwei Klappsitze unterbringen, die vorderen Plätze (Sitzbank) wurden nicht beeinträchtigt. Diese Wagen waren gut 15 Zentimeter länger als die Serienlimousine, entbehrten aber meist ebenfalls einer Stoßstange am rückwärtigen Wagenteil.
Keineswegs bauten Firmen wie Lueg in Bochum, Miesen in Bonn, Binz in Lorch oder Hägele in Mössingen nur Ambulanz- oder Polizeifahrzeuge in Kombibauweise. Werkstatt- oder Servicewagen für die unterschiedlichsten Branchen, Transporter für die gewerbliche Wirtschaft entstanden gleichermaßen. Es waren auch Bestattungsfahrzeuge darunter, gebaut in erster Linie bei der Bonner Firma Miesen.
Die Fahrzeug-Werke Lueg GmbH, deren Stammwerk sich seit 1868 in Bochum befindet, warteten mit dem vielseitigsten Mercedes-Kombi-Programm auf. Als Daimler-Benz-Werksrepräsentanten seit dem Jahr der Fusion beider Marken im Jahre 1926 (und Benz-Vertretung seit 1914) hat man bei Lueg bereits vor Jahrzehnten Sonderkarosserien auf Benz- bzw. Daimler-Benz-Fahrgestellen angefertigt. Im Zweiten Weltkrieg entstanden vorwiegend »Sankas« (Sanitätskraftwagen) auf Mercedes-Basis, und später setzte man bei Lueg die Herstellung dieser speziellen Fahrzeuge fort. Mit seinen zehn Betrieben, verteilt über das Ruhrgebiet, ist das Haus Lueg heute einer der wichtigsten und

Sanitäts- und Koffer- bzw. Pritschenwagen auf dem Chassis des 170 V nach Vorkriegsbaumuster waren die ersten Fahrzeuge, die man bei Daimler-Benz kurz nach Kriegsende wieder baute. Oben rechts ein von Binz karossierter Polizei-Achtsitzer (170 S, 1952), rechts Interieur eines Lueg-Krankenwagens.

Links: Von Lueg gebauter Mercedes-Pickup (170 S, 1952), rechts ein ähnlicher Wagen in Werksausführung (170 V, 1947). Das Lueg-Auto blieb ein Einzelstück.

Unten: Fünftüriger Kombi (170 S, 1952) von Binz.

Mercedes-Benz 170 V aus der Vorkriegszeit, gebaut für die Deutsche Reichspost – hier mit aufgesetzten Winkern.

Bahnhofspolizei 1946: Sechs Mann auf der Pritsche des 170 V testen den »Komfort« ihres neuen Einsatzwagens.

Die Bilder entstanden anläßlich einer Probefahrt am provisorisch instandgesetzten Bahnhof Stuttgart-Untertürkheim.

umsatzstärksten Daimler-Benz-Repräsentanten Westdeutschlands. Der Anfertigung von Spezialaufbauten auf Mercedes-Fahrgestellen blieb auch die Firma Binz im württembergischen Städtchen Lorch treu. Heute sind es überwiegend Geländewagen mit Vierradantrieb, die von Binz in Ambulanz- und Sonderfahrzeuge verwandelt werden. Die Kombiwagen, die auch vor dem Kriege zum Beispiel schon für die Reichspost, die Bahn oder – in wenigen Fällen – an Private geliefert wurden, kamen aus dem Sindelfingener Karosseriebetrieb der Daimler-Benz AG. Sonderanfertigungen in kleinen Stückzahlen waren damals noch zu bewältigen, und mit Aufträgen dieser Art ging man nicht zu den großen Karosseriefirmen wie Drauz, Hebmüller, Vetter, Papler, Wendler oder Reutter, die hauptsächlich anspruchsvolle Cabriolets, Landaulets oder Coupés anfertigten und sich nur ganz selten einmal dazu verstiegen, ein Nutzfahrzeug zu karossieren.

Ausstellungsstand der Karosseriefirma und Daimler-Benz-Vertretung Lueg, Bochum, auf der Frankfurter Automobilausstellung 1951. Vorn ein fünftüriger Kombi, hinten ein dreitüriger Lieferwagen für eine Schokoladenfabrik.

Dieser Kombi auf Basis eines 170 V (oben) ist eine nachträglich umgebaute, viertürige Limousine; die hintere Tür schließt bündig mit dem Anbau, wobei die Kanten geschickt durch ein Werbeschild überdeckt sind.

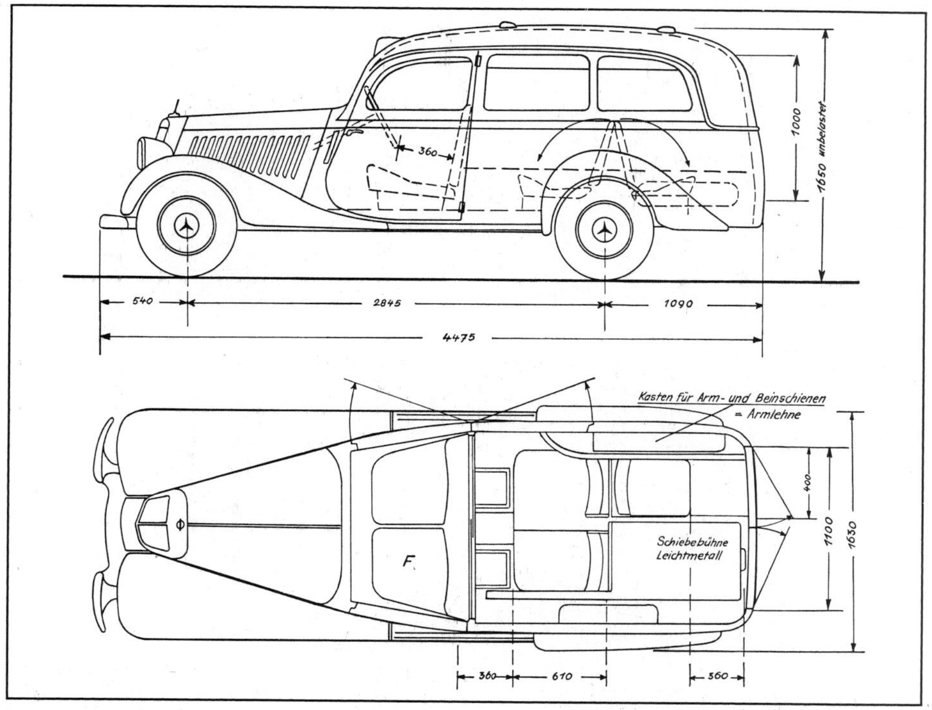

Links ein von Hägele karossierter Kombi (170 Da, 1951), der dem Automobil-Veteranenhof Capellenhagen lange Jahre als treuer Service- und Werkstattwagen diente.

Ganz oben ein Kombiwagen (170 DS 1953) mit großer Hecktür von Binz, Lorch.

Oben: Ein von Lueg angefertigter Ambulanzaufbau (Mercedes 170 V, 1950) mit geteilter Hecktür – auch eine Rarität.

Mercedes-Benz 220 S Coupé Baujahr 1954 aus dem Besitz eines Sammlers in Aachen.

Aus dem Fotoarchiv des Mercedes-Benz-Liebhabers

Auch die nächsten Seiten zeigen wieder Mercedes-Benz-Fahrzeuge von ihrer besten Seite, aufgenommen zur Zeit ihres Erscheinens in den fünfziger und sechziger Jahren oder – soweit es die Farbbilder betrifft – bei Sammlern und Restauratoren wertvoller Klassiker, die sich der Erhaltung historischer Automobile verschrieben haben.

Die Schwarzweißfotos spiegeln zugleich die Zeit wider, in denen sie entstanden: Die Art, Werbefotos oder PR-Aufnahmen zu machen, hat sich inzwischen sehr geändert. Gerade dies macht indessen den Reiz der Automobil-Nostalgie aus, die in den letzten Jahren zu einem weitverbreiteten Phänomen wurde.

AC-JJ 140

18

Links: Mercedes-Benz Sonderschau, die am 29. September 1952 in Bochum stattfand. Neben allen Serienmodellen einschließlich Unimog (ganz hinten links) zeigte man auch von Lueg karossierte Kombi- und Pritschenwagen auf Basis des 170. Rechts: Ein Mercedes-Benz 220 A, 1952 in Paris aufgenommen.

Zwei Aufnahmen, die einen Mercedes-Benz 220 als Cabriolet A zeigen. Es gab dieses offene Modell von 1951 bis 1955 in knapp 2300 Exemplaren. Liebevoll wurden diese Wagen restauriert.

Internationale Automobilausstellung in Frankfurt am Mai 1955. Daimler-Benz präsentierte den 300 Sc mit Einspritzmotor. Im Hintergrund der 220 S als Cabriolet, der 190 und ein 300 SL.

Rechts: Mercedes-Benz 300 S Cabriolet. Den im September 1955 als Nachfolger des 300 S mit Vergasermotor vorgestellten Wagen gab es bis April 1958 in nur 200 Exemplaren.

W58-4896

TS - S 300

Links: Mercedes 300 d von 1957, eine Limousine mit voll versenkbaren Seitenscheiben. Rechts ein 300 S Coupé; dieses zunächst als Cabriolet ausgelieferte Exemplar wurde nachträglich mit einem festen Stahldach versehen.

auchen
rboten!
Band 5

Oben: Mercedes-Benz 300 d vom Frühjahr 1958 mit sogenannter »Voll-sicht«-Karosserie. Diesen Wagen gab es bis März 1962 zu kaufen.

Links: Endmontage des Mercedes 220 im Werk Sindelfingen. Es handelt sich um die ersten Wagen, fotografiert im Sommer 1951.

Mercedes-Benz 300 SL Roadster Baujahr 1958. Dieses Fahrzeug wurde in die Vereinigten Staaten verkauft und kam 1979 wieder nach Europa zurück. Rechts eines der seltenen D-Cabriolets vom Typ 300 b, Baujahr 1954. Der Wagen gehört einem Sammler in Massachusetts, USA.

2042

Testfahrten mit dem 300 SL. Die Linien des Roadsters sind aus der Vogelperspektive ganz besonders signifikant.

Rallye Sestrière 1956: Schock/Moll auf der verschneiten Alpenstrecke. Der Signalposten hat hinter sich eine Heizsonne gestellt . . .

ND-0477

Mercedes-Benz 300 SL Flügeltüren-Coupé von 1955. Die kühne Türkonstruktion regte später etliche Automobildesigner zu ähnlichen Lösungen an.

Rechts: 1958 erschien dieses Inserat in den USA. Die mit Packard, einem der ältesten amerikanischen Automobilhersteller, fusionierte Firma Studebaker vertrieb seinerzeit Mercedes-Automobile in den Staaten – daher die ungewöhnliche Kombination dieser drei Automarken in einem einzigen Anzeigensujet.

Aufnahme aus dem Jahre 1951. Hier werden bei der Karosseriefirma (und Daimler-Benz-Repräsentanz) Lueg in Bochum Fahrgestelle des 170 V mit Kombiwagen- und Ambulanz-Aufbauten versehen. Die Herstellung erfolgte in größeren Stückzahlen: Auf diesem Bild sind immerhin 28 Wagen zu sehen sowie sechs Aufbaugerippe.

Mehrzweck-(Kombinations-)Wagen, wie sie in den USA schon vor dem Kriege populär waren, kamen in Europa erst in den späteren fünfziger Jahren auf. Die 170-Kombis haben deshalb heute einen ge-

wissen Seltenheitswert. Nachträglich umgebaute Kombiwagen entbehrten oft proportional gut ausgewogener Linien – man sah ihnen das »Selbstgestrickte« meist auf den ersten Blick an. In Gemischtbauweise wurden einigen Kombiwagen auf Basis des Mercedes 170 bei einer Wiener Karosseriebaufirma angefertigt, auch in Belgien und England gab es solche Umbauten. Sie blieben aber Einzelstücke, nicht vergleichbar mit den in kleinen Serien in Deutschland gebauten Mercedes-Kombiwagen.

Foto ganz oben: Ein von einem Bamberger Antiquitätenhändler umgebauter 170 S (1977 aufgenommen), darunter ein Bestattungswagen auf Basis des 220. Oben links ein Mercedes 300, der vermutlich auch einmal ein Bestattungswagen war; der Umbau scheint nicht sehr professionell vorgenommen worden zu sein.

Vor dem Kriege gab es den Mercedes-Benz 170 V auch als Wettbewerbswagen für Gelände-Einsatz. Aber nur wenige Exemplare wurden gebaut:

Mercedes-Benz 170 VS

Eine interessante Variante des 170 V war der Geländesport-Roadster 170 VS, vorgestellt im Spätsommer 1936. Dieses Modell wies eine zweisitzige Karosserie mit verkürztem Heck auf; den 38-PS-Motor hatte man in seiner Leistung auf 50 PS getrimmt. Statt der hinteren Stoßstange gab es beim VS einen Bügel, um dem Beifahrer im Falle eines Durchdrehens der Räder die Möglichkeit zu geben, mit seinem Körpergewicht außenbords für zusätzliche Belastung zu sorgen. Auf den hinteren Kotflügeln waren Haltegriffe angebracht.

Der Vergaser des VS erhielt seinen Kraftstoff nicht durch freies Gefälle von einem im Motorraum installierten Tank, denn diesen hatte man ins Wagenheck verlegt. Dafür gab es an der Spritzwand zwei Behälter für Werkzeug und Geräte. Interessanterweise wies der VS erstmals eine Alligator-Motorhaube auf, die vor der Windschutzscheibe angeschlagen war; eine Einrichtung, auf die man in der Nachkriegszeit zurückkam.

Bei Wettbewerbsfahrten, wie sie in den dreißiger Jahren zunehmend populär wurden, erwies sich der 170 VS mit seiner Leichtmetall-Karosserie als ein leistungsfähiges Auto. Zahlreiche Gold- und Silbermedaillen wurden mit ihm errungen. Dabei gab sich der Wagen nicht als eine Art Zweckform-Kübel, sondern sah – dem 150 nicht ganz unähnlich – elegant und attraktiv aus. Der schräg abfallende Kofferraum barg zu beiden Seiten des senkrecht angeordneten Kraftstofftanks zwei Reserveräder; es gab ein Roadsterverdeck und tief ausgeschnittene Türen (ohne Seitenfenster). Der Wagen entbehrte der sonst üblichen Trittbretter, hatte rechts und links der – nicht umlegbaren – Windschutzscheibe kleine, ausstellbare Windabweiser und auf der rechten Seite einen Suchscheinwerfer.

Trotz seiner Bezeichnung als Geländesportwagen verfügte der Mercedes 170 VS keineswegs über Allradantrieb (wie der 170 VL/W 139), sondern entsprach in seiner Kraftübertragung und dem Fahrwerk dem normalen 170 V, wenngleich man eine Reihe von Verstärkungen am Chassis vorgenommen hatte, um den erhöhten Beanspruchungen im sportlichen Einsatz gerecht zu werden. Wie viele Fahrzeuge vom Typ 170 VS vor dem Kriege insgesamt gebaut worden sind, läßt sich heute nicht mehr mit Sicherheit ermitteln; vermutlich waren es 40 bis 50 Stück.

Der Mercedes-Benz 170 VS galt als recht geländetauglich, obwohl er keinen Vierradantrieb hatte. Links ein Foto von der Harzfahrt 1938. Rechts: Armaturenbrett des 170 VS und der mit zwei Reserverädern zu beiden Seiten des Kraftstofftanks gut genutzte Kofferraum. Etwas Platz für persönliche Utensilien gab es nur hinter den Sitzen.

Ungewöhnlich für einen Vorkriegs-170: der VS wies eine »Alligator«-Motorhaube auf mit feststehenden Seitenteilen.

Versionen des 170/220/300, die man nicht jeden Tag zu Gesicht bekam – viele wurden nur zu Versuchszwecken gebaut:

Sondermodelle und Prototypen

Vom Mercedes-Benz 170 wie von den ihm verwandten Modellen gab es eine Reihe von Sonderausführungen mit speziellen Karosserien und anderen Modifikationen. Interessant sind auch die Versuchsfahrzeuge, die – wie bei jedem Serienautomobil – als Prototypen hergestellt wurden und den vielseitigsten Erprobungen zu dienen pflegten. Vom ersten Heckmotor-Versuchswagen existieren beispielsweise noch Aufnahmen, die das Fahrzeug als illegitimen Vetter des Hanomag-Komißbrotes erscheinen lassen, und als man sich zu der aerodynamisch vertretbaren Kontur des 130 durchgerungen hatte, gab es ernsthafte Überlegungen, dem Wagen nicht wenigstens die Attrappe eines klassischen Front-Wasserkühlers nach traditionellem Mercedes-Design zu geben, so wie man dies in USA mit dem luftgekühlten Franklin praktiziert hatte. Auch ein solcher Wagen, auf den ersten Blick für den Nichteingeweihten sehr irritierend, wurde gebaut.

Spezialaufbauten im Auftrage vermögender Mercedes-Kunden, die schlichtweg einen »besonderen« Wagen haben wollten, fertigten die großen Karossiers der Vorkriegs-Ära auf Basis des Mercedes-Benz 170 kaum an. Solche Wünsche verwirklichte man auf den Fahrgestellen der größeren Hubraumklassen. Dennoch entstanden ein paar bemerkenswerte Autos dieser Art, beispielsweise bei Erdmann & Rossi in Berlin, deren stromlinienförmig karossierter Zweitürer 1937 auf der Berliner Automobilausstellung brillierte. Nach dem Kriege entstanden vielerorts neue Karossen auf Fahrgestellen beschädigter

Der Roadster auf der Basis des 170 V auf dieser Seite oben ist ein 1948 auf Kundenwunsch ausgeführter Umbau eines 1938er Roadsters. Bemerkenswert die in die Kotflügel eingelassenen Scheinwerfer, wie sie später der 220 hatte. Die Veränderungen wurden von dem gleichen Stilisten vorgenommen, der den 170 S entwarf.

Links: Landaulet 300 d für Staatsbesuche. Unten: Ein Heck-Versuchswagen, 1933 gebaut. Die Kühlerpartie am Bug ist »Tarnung« oder Stilversuch: Dieser Mercedes wies im Heck einen 1,3-Liter-Motor auf. Er blieb ein Einzelstück.

Links: Ein von Professor W. Kamm entworfener Stromlinien-Aufbau (»K2«), basierend auf einem 170 V von 1938 (Karosserie Wendler). Ebenso großes Aufsehen erregte Professor Kamms zweiter Mercedes-Stromlinienwagen, der auch auf einem Chassis des Mercedes 170 V entstand (»K3«). Dieses Heckflossen-Fahrzeug existiert nicht mehr, während der K2 heute im Automuseum Langenburg steht.

Wagen – weniger aus stilistischen Überlegungen heraus als aus der Notwendigkeit, mit vorhandenen (meist beschränkten) Möglichkeiten irgend etwas Brauchbares auf die Räder zu stellen.
Bemerkenswerte Schöpfungen erarbeiteten bekannte Aerodynamiker wie Wunibald Kamm oder Emil August Everling, um den Beweis ihrer Theorien anzutreten, wonach auf Basis vorhandener Konstruktionen schnellere und sparsamere Automobile herzustellen seien. Sie bedienten sich neben einer Anzahl anderer Wagen auch des Mercedes 170, um strömungsgünstige Karosserien zu entwickeln und im Windkanal wie auf der Straße zu erproben. Eine ideale Prüfstrecke war das in den dreißiger Jahren erstehende Autobahnnetz, und diese Schnellstraßen gaben den Arbeiten der Aerodynamiker auch eine besondere Rechtfertigung. Hier war Rumplers Tropfenwagen zehn Jahre zu früh erschienen. Hans Nibel, einer der führenden Männer bei Daimler-Benz und ernsthafter Verfechter der Tropfenwagen-Idee, unterstützte zahlreiche Stromform-Projekte, die außer Haus entstanden.
Für endlosen Gesprächsstoff, nicht nur in Fachkreisen, sorgten auch die von Professor Kamm in Stuttgart entworfenen »K-Wagen« mit ihren glattflächigen Aufbauten, zum Teil mit Stabilisierungsflossen und ausfahrbaren Luftbremsen versehen. Für den K-Wagen Nr. 2 entwickelte Kamm sogar einen Stromlinien-Wohnwagen. Das Auto, in jahrelangen Erprobungen oft modifiziert und dennoch in seiner Grundform erhalten geblieben, gehört heute zum Bestand des Deutschen Automuseums in Schloß Langenburg/Württemberg.
Zu Karosseriestudien gebaute Prototypen und Versuchsfahrzeuge pflegen meist kein langes Leben zu führen. Nur ältere Fotos dienen heute noch als Zeugen verschiedener Kotflügelformen, die man beispielsweise für den Mercedes 300 ausprobierte, und um überhaupt in dieser Richtung – einen neuen »großen« Mercedes betreffend – einen ersten Schritt zu tun, re-karossierte man in Untertürkheim einen 320 aus der Vorkriegszeit. Dieses Auto von 1949 sah aber noch ganz anders aus als der 1951 in Frankfurt vorgestellte Typ W 186.
Ein Sondermodell vom 170 V, gebaut 1949, existiert heute noch im Orient. Es handelt sich um einen Roadster, wie er vor 1940 im normalen Mercedes-Angebot zu finden war. Weniger als Vorläufer einer neuen Sportzweisitzer-Reihe gedacht, sondern als Entgegenkommen eines Wunsches, geäußert von einem wichtigen ausländischen Geschäftsmann, fertigte man damals diesen Wagen als einen letzten Vertreter jener bildschönen Spezies als Einzelexemplar an – eine Replika seiner selbst.

Professor Schlör von der Forschungsgesellschaft für Aerodynamik an der Technischen Universität Göttingen entwarf diesen Mercedes auf Basis eines Mercedes 170 H. Dieser 1937 realisierte Aufbau wies für den Fahrer vorn einen Einzelsitz auf nach Art des Rumpler-Tropfenwagens der zwanziger Jahre.

Oben: Auch ein Mercedes 170 V, der kurz nach dem Kriege mit einer neuen Karosserie versehen wurde – nicht unbedingt zu seinem Vorteil.
Links und oben links: Ein 170-Sechszylinder, der von Erdmann & Rossi eine extravagante Stromlinien-Karosserie erhielt. Die Bilder entstanden auf der Internationalen Automobil- und Motorrad-Ausstellung 1935.

Ein in der Schweiz umkarossierter 170 mit Hauptscheinwerfern hinter dem Kühlergrill. Amerikanische Stylingeinflüsse diktierten diese Arbeit. Rechts: Ein in der frühen Nachkriegszeit karossierter Mercedes-Benz 320. Der Aufbau entstand auf Kundenwunsch.

Bei der Suche nach Alternativ-Kraftstoffen spielte der Holzvergaser eine große Rolle. Daimler-Benz baute eigene Aggregate:

Mercedes-Benz 170 VG

Nicht erst mit Ausbruch des Zweiten Weltkrieges war der »Holzgaser« aufgekommen. Holzkohlengas als Alternative zum Mineraltreibstoff erprobte man am Automobil schon seit den frühen dreißiger Jahren. Den Mercedes-Benz 170 mit Holzgas-Generator nannte man 170 VG, und da es in den Kriegs- wie in den frühen Nachkriegsjahren überall in Deutschland (und auch in vielen Nachbarstaaten) einen akuten Kraftstoffmangel gab, sah man den 170-Holzgaser noch lange auf unseren Straßen. Etliche Wagen sind nachträglich umgerüstet worden. Die Motorleistung des Vierzylinders sank von 38 auf 22 PS – damit hatte man sich aber abzufinden, wollte man in jener Periode überhaupt mobil bleiben. Das zusätzliche Gewicht der Generatoranlage sowie die auf dem Dach mitzuschleppenden Holzvorräte taten ein übriges, den Fahrtschnitt zu senken.
Über die Integration der Generatoranlage in die Karosserie hatte man sich schon Mitte der dreißiger Jahre Gedanken gemacht. Die Entwicklung blieb jedoch bei Ausbruch des Krieges stecken. Es gab wichtigere Probleme als die des Karosserie-Stylings, als Holzgasantrieb quasi über Nacht zum aktuellen Thema wurde . . .

Sowohl vor als auch während des Krieges und noch danach wurden etliche 170 V auf Holzgasbetrieb umgerüstet. Den Kombiwagen (rechts) ziert ein bei Daimler-Benz selbst hergestelltes Holzgasgerät.

Links: Man unternahm bei Daimler-Benz auch Versuche, die Holzgasanlage stilistisch in die Karosserie einzubeziehen. Auf dem Dach ein Vorratsbehälter für den Brennstoff (Säcke mit Hartholz). Das Foto stammt aus dem Jahre 1942.

In der Zeit von September 1939 bis Kriegsende wurden bei Daimler-Benz Hundertsiebziger für militärischen Einsatz gebaut:

Mercedes-Benz 170 im Kriege

Vom 3. September 1939 an durfte keine deutsche Automobilfabrik mehr einen Kraftwagen an private Kunden ausliefern. Kurze Zeit später gab es den »roten Winkel« für jene Zivilfahrzeuge, die überhaupt noch zu nicht-militärischen Zwecken bewegt werden durften, alle anderen Privatautos, sofern nicht von der Wehrmacht requiriert, wurden durch strengste Benzinrationierung und Beschlagnahme aller verfügbaren Reifen immobil gemacht.

Militärversionen serienmäßiger Personenwagen der Marke Mercedes-Benz gab es schon seit langem, so auch Kübelsitz- bzw. Kübelwagenausführungen des 170 Sechszylinder wie auch vom 170 Vierzylinder. Auch die Heckmotorwagen wurden für militärische Zwecke mit offenen Aufbauten versehen, so zum Beispiel der 130 und der 160 H (später 170 H). Allzu große Verbreitung fanden die Heckmotor-Kübelwagen indessen nicht. Der 170 V als »leichter geländegängiger Pkw« rangierte unter der Heeres-Codebezeichnung »Kfz 1«. Ähnliche Fahrzeuge kamen von BMW und Hanomag. Als Funk- oder Fernsprechwagen gab es den 170 V als Kfz 2, als Meßtruppwagen das Kfz 3. Ein Spezialfahrzeug, wenn auch später im Kriege kaum eingesetzt, stellte der 170 VL (W 139) dar. Mit seinem Vierradantrieb nahm der Wagen Steigungen bis zu 64 Prozent. Als Besonderheit wies der VL auch Allradlenkung auf. Nach Werksunterlagen wurden von diesem Modell 1936/37 nur 42 Exemplare gebaut, während vom Kübelsitz-170 V bis Mitte 1942 genau 19 075 Stück das Stuttgarter Werk verließen. Aus

Eine Spezialversion des Hundertsiebzigers war der Mercedes-Benz 170 VL mit Vierradantrieb und -Lenkung (Foto links oben). Diesen Kübelsitzwagen lieferte Daimler-Benz ausschließlich ans Militär, wenngleich einige Exemplare auch später bei der Bergwacht Verwendung fanden. Bevorzugt von der Wehrmacht wurde der normale 170 V-Kübelsitzwagen.

Oben: Ein Mercedes 170 als sogenanntes Kfz. 2 der Wehrmacht, ein Viertürer ohne Trittbretter, allerdings auch ohne Allradantrieb. Rechts daneben: Ein 170 V während des Krieges in Italien.

Rechts: Normale Kübelsitzausführung des 170 V, die in großen Stückzahlen produziert wurde, ebenfalls nur mit angetriebenen Hinterrädern.

dem 170 VL wurde 1937 der berühmte G5 mit Zweiliter-Motor. Im Unterschied zu diesem handelte es sich beim gewöhnlichen 170 V nicht um einen echten »Geländewagen«, doch aufgrund seiner Robustheit, seiner soliden Bauweise und Zuverlässigkeit bediente man sich seiner an allen Fronten gern. Der je nach Einsatzzweck unterschiedlich karossierte Wagen – meist ein offener Viersitzer mit integriertem Heckkasten und ohne Trittbretter – war nach dem VW-Kübelwagen (Typ 82) das meistgebaute Militärfahrzeug dieser Ausfertigung in Deutschland. Nur ganz wenige Exemplare haben die Wirren der Kriegszeit überstanden.

Links: Die Zerstörungen bei Daimler-Benz durch den Krieg und spätere Demontagen machten einen Neubeginn sehr schwer. Unten: Ein Salzburger Taxifahrer erhält eine Auszeichnung durch Dr. Schildberger (ganz links) im Namen der Daimler-Benz AG – der 170 D hatte 771 000 Kilometer auf dem Tacho! Oben: Der 100 000. Mercedes 170 lief im März 1952 vom Band.

Nur mühsam kam die Produktion in den größtenteils zerstörten Daimler-Benz-Werksanlagen wieder in Gang:

Die Zeit nach 1945

Als im Mai 1945 in Europa die Waffen zum Schweigen gekommen waren, lag die gesamte Industrie mehr oder weniger in Trümmern. Bei Daimler-Benz war das Untertürkheimer Stammwerk zu 75 Prozent zerstört, die Karosseriefertigung in Sindelfingen zu 85 Prozent. Dem Vorstandsvorsitzenden Dr. Haspel, bei Daimler seit 1924 und nach Kissels Tode im Jahr 1942 dessen Nachfolger, war es zu verdanken, daß Sindelfingen wieder zum modernsten Karosseriewerk Europas aufgebaut wurde. Nur mit kleinsten Schritten vollzog sich die Normalisierung der Verhältnisse, und daß man 1946 überhaupt schon wieder

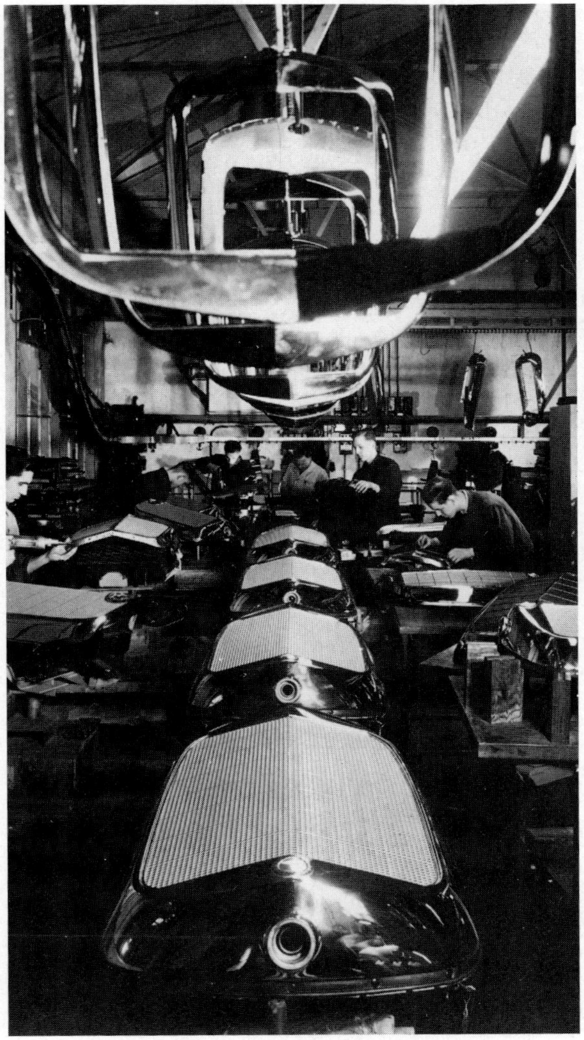

Serienherstellung von Mercedes-Kühlern bei der Süddeutschen Kühlerfabrik Julius Fr. Behr; das Foto stammt aus dem Jahre 1952.

Auch der Unimog gehört in die Genealogie des Hundertsiebziger. Noch vor dem Erscheinen des Diesel-Pkw 1949 wurden die ersten bei Boehringer in Göppingen gebauten Allzweckwagen für Landwirtschaft und Gewerbe mit jenem Vierzylinder-Diesel bestückt, der anschließend im Mercedes-Benz 170 D zu finden war.

einige 170 V auf die Räder stellen konnte (deren Reifen vom Kunden beizubringen waren!), mutet heute wie ein Wunder an.
Schon Ende 1948 arbeiteten bei der Daimler-Benz AG wieder 3500 Personen. »Man ist stolz darauf, für die älteste Automobilfabrik der Welt schaffen zu dürfen; die Belegschaft arbeitet im Gefühl, eine Sonderstellung im Autobau einzunehmen, die auf Tradition, auf großen Erfolgen in konstruktiver und sportlicher Hinsicht beruht«, schrieb Paul Pietsch zur Jahreswende 1948/49. Und 1953, als im Bundesgebiet wieder fast 370 000 Personenwagen hergestellt wurden, betrug der Marktanteil von Daimler-Benz bereits wieder 13,6 Prozent.

Mercedes-Benz-Clubs

Überall in Europa und Übersee haben sich im Laufe der letzten Jahre Clubs etabliert, deren Mitglieder begeisterte Liebhaber gerade der 170er-Modelle sind. Die Initiative hierzu ging zweifellos von jener Clubgründung aus, die sich im November 1971 in Marburg an der Lahn vollzog. Daraus entstand der Mercedes-Veteranen-Club (MVC), der jetzt seinen Sitz in Ladenburg am Neckar hat, wo Carl Benz lange wirkte; 1984 zählte der MVC über 1500 Mitglieder.
Nach und nach entstanden in verschiedenen Gegenden der Bundesrepublik Regionalclubs, dann eigene Gemeinschaften der 300-SL-Eigner. Auch ein Mercedes-Diesel-Club hat sich konstituiert.
Die meisten Mercedes-Benz-Clubs im Ausland sind nicht, wie der MVC, auf bestimmte Modelle oder Baureihen ausgerichtet. Hier kümmert man sich in erster Linie um jene Wagen, die heute schlichtweg als echte Veteranen zu bezeichnen sind und in ihrer Bauzeit bis zum ersten Ponton-Mercedes (Modell 180) reichen. Nur ein weiterer Club kennt noch diese Einschränkung: der Mercedes-Benz 170 Club der Niederlande. Eine exklusive Stellung nehmen auch jene Vereinigungen ein, die sich ausschließlich aus 300-SL-Besitzern zusammensetzen, wie die Gullwing Group in den USA; auch in Europa existieren solche Clubs. Genaue Register aller noch existenten Exemplare werden geführt, man notiert Besitzerwechsel und kümmert sich um die Beschaffung von Ersatzteilen. Überhaupt ist die Sorge um originale oder originalgetreu angefertigter Teile ein Hauptanliegen der Markenclubs. In europaweiten Aktionen, unterstützt durch ein verständnisvolles Herstellerwerk, konnte der MVC beispielsweise alle noch vorhandenen Bestände an Originalteilen zum Hundertsiebziger sicherstellen, und von dort geht auch manche Initiative zur Neuauflage diverser Verschleiß- und anderer Teile aus. Ein in vieler Hinsicht kostenintensi-

Mercedes-Benz Veteranen Club
Deutschland e. V.
Rheingaustraße 21,
6802 Ladenburg

Mercedes 300 SL Club
Münsinger Straße 66,
7930 Ehingen 1

Mercedes-Benz Diesel-Club e. V.
Hauptstraße 29, 2211 Huje

Mercedes-Benz Club of America
P. O. Box 9985, Colorado Springs,
Co 80932, USA

Mercedes-Benz
Gull Wing Group Inc. 1 Lida Lane,
Pasadena, Ca. 91103, USA

The Mercedes-Benz Club Ltd.
75 Theydon Grove, Epping,
Essex CM16 4PX, England

Club Mercedes-Benz de France
32, rue du Docteur Mercier,
F-01130 Nantua, Frankreich

Mercedes-Benz Klubben Norge
Postboks 540, N-1301 Sandvika,
Norwegen

Norges Mercedes-Benz Club
Postboks 1033, N-4001 Stavanger,
Norwegen

Mercedes-Benz 170
Club Nederland
Postbus 4275,
NL-3006 AG Rotterdam, Holland

Mercedes SL-Club Austria
Hägelingasse 13, A-1141 Wien,
Österreich

Schweizer Mercedes-Benz
Veteranen-Club
Georges Bürgin, CH-4600 Olten

Mercedes 300 SL-Club
(Etoile Papillon)
CH-1271 Le Muids, Schweiz

Mercedes-Benz Club Finnland
Puotilantie 8 F 99,
SF-00910 Helsinki 91, Finnland

MB-Club Praha
Písecká u. 6, Praha 3, ČSSR

Mercedes-Benz Club do Brasil
Rua Visconde de Piraja 284,
Apt. 504, Rio de Janeiro,
Brasilien

Mercedes-Benz Club ACT
P. O. Box E 117, Canberra,
Australien

Australian Mercedes-Benz Club
352 Miller Street, Sommeray
2062 Sidney, Australien

Super Star Club
P. O. Box 362, North Brisbane,
Queensland 4000, Australien

Mercedes-Benz Car Club,
P. O. Box R 122, Royal Exchange,
New South-Wales 2000,
Australien

Mercedes-Benz Club Japan
Masao Kozu, 1581-24 Ozenji,
Tama-ku,
Kawasaki, Kanagawa, Japan

The Mercedes Club of Japan
7-6-50 Akasaka Minato-ku,
Tokyo 107, Japan

Adressenangabe ohne Gewähr.
Stand: Mai 1985

Oben: Ein Mercedes 300 SL Flügeltüren-Coupé beim Rennen historischer Sportfahrzeuge auf dem Nürburgring. Links ein Foto vom Schönheits- und Geschicklichkeits-Turnier, wie es der Mercedes Veteranen Club Deutschland alljährlich in Ladenburg am Neckar veranstaltet.

Rechts: Es gibt zahlreiche Aktivitäten der Mercedes-Clubs. Hier ein Bild vom Treffen der 300 SL-Besitzer vor dem Stuttgarter Rathaus. Darüber ein Foto, das anläßlich eines Oldtimer-Treffens in der Sowjetunion aufgenommen wurde. Der Wagen ist ein 170 A-Cabriolet aus der Vorkriegszeit und natürlich auch in der UdSSR eine Rarität.

ves Unterfangen, doch die treue Anhängerschaft von Besitzern betagter Mercedes-Fahrzeuge rechtfertigt, wie es scheint, jeden Aufwand. Und da noch immer eine beträchtliche Anzahl älterer Fahrzeuge am Leben sind, lohnen kleinere Serien, sei es bei der Herstellung von Lampenfüßen, von Zylinderkopfdichtungen oder Kühleremblemen.

Auf regelmäßigen Meetings werden Schönheitswettbewerbe für die Fahrzeuge veranstaltet, bei denen eine strenge Jury den Original- bzw. Restaurierungs-Zustand begutachtet und nach Punkten bewertet. Europas wichtigstes Alt-Mercedes-Treffen findet alljährlich am Sitz des Clubs, in Ladenburg, am Ufer des Neckars statt. Vom Benz Baujahr 1910 bis zum 170 V mit Holzvergaser in voller Funktion wird Teilnehmern wie Schlachtenbummlern hier ein Querschnitt der Daim-

Ganz oben: Ein Mercedes-Benz 170 S Cabriolet A im Rallye-Einsatz (Philpa-Rallye Griechenland 1978). Darunter ein 170 V Roadster mit Rechtslenkung und einigen Modifikationen, der 1980 im Hamburger Hafen fotografiert wurde. Er kam aus England in die Bundesrepublik, um restauriert zu werden.

ler-Benz-Automobilproduktion vor Augen geführt, wie ihn höchstens ein Rundgang durchs Werksmuseum in Untertürkheim bieten könnte. Ein Teile-Tauschmarkt und Ausfahrten in die weitläufige Umgebung vervollständigen das Programm des Mercedes-Treffens, das hier stets um die Pfingsttage stattfindet. Ähnliche, wenn auch nicht ganz so ausgedehnt anberaumte Treffen finden aber auch durch die Aktivitäten anderer Clubs in der Schweiz, in Schweden, in Großbritannien, in Japan, Frankreich, Dänemark, in Finnland, Belgien und sogar in Australien statt. In allen Clubs ist eine starke Markenbindung zu verzeichnen.

Die Daimler-Benz AG selbst unterstützt den Veteranensport nach Kräften, beteiligt sich unter Einsatz interessanter Werks-Oldtimer an den internationalen Rallies, macht Restaurateuren und Mercedes-Liebhabern das Werksarchiv zugänglich. In Stuttgart ist man sich der Verpflichtung bewußt, die das Erbe mit sich bringt, die älteste und sicher auch berühmteste Automobilfabrik der Welt zu repräsentieren, und die Bereitschaft, den Veteranen-Sport auch aktiv zu bejahen, ist sicher nicht nur vom Public-Relations-Gedanken her zu sehen.

Oben: Ganz auf die Restaurierung und Wartung von offenen Mercedes-Benz 220 hat sich diese Werkstatt in Los Angeles, Kalifornien, spezialisiert.

Rechts: Ausrangierte 170/220 wurden in den siebziger Jahren immer seltener. Selbst noch so »hoffnungslose Fälle« wurden einer Restaurierung unterzogen.

Dieses 170 S Cabriolet A – offenbar bei der Zeitnahme während einer Rallye aufgenommen – weist eine ungewöhnliche Besonderheit auf: Scheibenräder mit Zentralverschluß. Oder sind die Flügelmuttern nur Attrappen . . .?

Aus der Kühlerverkleidung eines Mercedes gebastelte Vitrine für Autominiaturen – Arbeit eines Daimler-Enthusiasten in der Schweiz.

Vom Reiz der Miniatur

Kaum ein Liebhaber besonderer Automobile kann sich dem Reiz entziehen, den »sein« Lieblingsfahrzeug en miniture ausstrahlt. Modelle in Maßstäben von 1:87 bis 1:8 sind heute kaum mehr Kinderspielzeug, sondern Sammlerobjekte – und gerade die ehemaligen Spielzeugautos, vor allem aus den früheren Epochen, stellen heute wertvolle Kleinodien dar.
Eine ganze Reihe von Miniaturautos sind historischen Mercedes-Mo-

Baujahr	Typ	Hersteller
1948	170 V Limousine	Walldorf
1948	170 V Limousine	Walldorf Mini
1950	170 S Limousine	Plumbies
1950	170 S Cabriolet	Walldorf
1951	300 Limousine	Märklin
1958	300 Adenauer-Limousine	Walldorf
1952	300 Limousine	Dux
1955	300 S Coupé, Cabriolet	Plumbies
1959	300 S Cabriolet	Metall 87
1952	300 SL Rennsport	Retrobolide
1952	300 SL Rennsport	Epokit
1954	300 SL Flügeltürer	Eutex
1954	300 SL Flügeltürer	Gakken
1954	300 SL Flügeltürer	Heller
1954	300 SL Flügeltürer	Revell
1954	300 SL Flügeltürer	Classic Car, Plumbies
1955	300 SL Flügeltürer	Walldorf, Plumbies
1955	300 SL Flügeltürer	Märklin, Quiralu
1954	300 SLR	Plumbies
1955	300 SLR	MRF
1955	300 SLR	Record
1955	300 SLR	Plumbies
1954	300 SL Flügeltürer	Lindbergh
1954	300 SL Cabriolet	Eutex
1957	300 SL Roadster	Tekno, Joal
1957	300 SL Hardtop	Tekno
1955	W 196 Stromlinie	Classic Car, Plumbies
1955	W 196	Mercury
1955	W 196 Stromlinie	Märklin,Mercury
1955	W 196 Stromlinie	Crescent

dellen nachgebildet. Hier seien die wichtigsten aufgeführt, die es als verkleinerte Ausgaben der Modellreihen 170, 220, 300 und 300 SL einmal gab. Viele davon sind nur noch auf Tauschbörsen oder – wenn man Glück hat! – auf Flohmärkten zu bekommen, aber manche werden auch neu angefertigt, sei es als Bausatz mit allen Schikanen, sei es als Replika bekannter Stücke früherer Zeiten oder als Werbegeschenk der Industrie. Eine wirklich vollständige Sammlung aller je hergestellten Mercedes-Miniaturen zu besitzen, dürfte selbst dem langjährigen Sammler so gut wie unmöglich sein . . .

Material	Art	Maßstab
Metall	Bausatz	1:43
Metall	Bausatz	1:87
Metall	Bausatz	1:43
Metall	Bausatz	1:43
Metall	Fertigmodell	1:43
Metall	Bausatz	1:43
Metall	Fertigmodell	1:32
Metall	Bausatz	1:43
Metall	Bausatz und Fertigmodell	1:87
Kunststoff	Fertigmodell	1:43
Kunststoff	Bausatz	1:43
Kunststoff	Bausatz	1:16
Kunststoff	Bausatz	1:16
Kunststoff	Bausatz	1:24
Kunststoff	Bausatz	1:12
Metall	Bausatz	1:43
Metall	Bausatz	1:43
Metall	Fertigmodell	1:43
Metall	Bausatz	1:43
Kunststoff	Fertigmodell	1:43
Kunststoff	Bausatz	1:43
Metall	Bausatz	1:43
Kunststoff	Bausatz	1:32
Kunststoff	Bausatz	1:24
Metall	Fertigmodell	1:43
Metall	Fertigmodell	1:43
Metall	Bausatz	1:43
Metall	Fertigmodell	1:40
Metall	Fertigmodell	1:43
Metall	Fertigmodell	1:42

Modell eines Mercedes-Benz 300 Sc-Cabriolets im Maßstab 1:43, der als Bausatz in Metall angeboten wird. Die Montage eines solchen Modells erfordert sehr viel Sorgfalt und Geschick!

Die Reihe erhebt keinen Anspruch auf Vollständigkeit, vor allem sind Blechspielzeuge und HO-Modelle (Maßstab 1:87) nicht berücksichtigt. Die Zusammenstellung besorgte Axel Dirk Sperling. Stand: Januar 1981

Abbildungen: Archiv Automobil-Chronik, Felix Baumann, Südd. Kühlerfabrik Julius Fr. Behr, Karosseriewerke Binz GmbH, Presse- und Informationsamt der Bundesregierung, Archiv der Daimler-Benz AG, Artur Fenzlau, Wieslaw Fusaro, Heribert Hofner, Wilhelm Jacob, Paul Jørgensen, Dr. Volker Klöser, Fahrzeug-Werke Lueg & Co, Mercedes-Benz 170 Club Nederland, Motor-Presse-Verlagsarchiv, National Motor Museum Beaulieu, Josef Reinhard, Halwart Schrader, Martin Schröder, Winfried Seidel (Mercedes Veteranen-Club eV), Rupert Stuhlemmer, VDA, Wölfer-Bild Hamburg, Günther Zint, Erhard Zhorzel. Die Farbaufnahmen stammen von Dennis Caprio, Wieslaw Fusaro, Hans-Joachim Klersy, Dr. Volker Klöser, Halwart Schrader, Martin Schröder. Das Foto auf Seite 157 oben rechts entstammt dem Buch »Kampfpanzer und Kampffahrzeuge«, Podzun-Pallas-Verlag.